NIÑOS CRIMINALES

Historias de Niños Asesinos, Psicópatas y Criminales que han Marcado la Historia

---

KEVIN HOWE

Índice

Introducción

El asesinato ha sido una parte desafortunada de la experiencia humana desde tiempos inmemorables. En el tiempo que hemos vivido en este planeta, la gente ha matado y ha sido asesinada por prácticamente todas las razones que puedas imaginar. A veces, la razón no es el foco de las investigaciones y el discurso público en torno a estos incidentes. Esto suele suceder cuando los casos se cortan y se secan. Sin embargo, hay casos en los que las razones y motivos de los asesinos pueden convertirse en el punto focal y cambiarlo todo.

Las preguntas sobre la razón y el motivo a menudo surgen en los incidentes de violencia familiar, especialmente aquellos que involucran a niños que asesinan a sus padres. Para la mayoría de la gente, algo tan fundamentalmente malo como matar a los padres es incomprensible. Sin embargo, a pesar de lo lejos que está de nuestras normas culturales, sociales y legales, el asesinato de padres ha sucedido muchas veces en la historia.

Incidentes como estos han producido algunos de los casos de asesinato más controvertidos e infames de los últimos tiempos.

El asesinato siempre es impactante para nuestra sensibilidad, pero el asesinato dentro de la familia tiende a sobresalir y es particularmente desconcertante pensar en ello. Los asesinatos en el inframundo criminal, por ejemplo, son ciertamente impactantes, pero se perciben como algo que se puede esperar y, lo que es más importante, algo que está lejos de nosotros y que realmente no preocupa a la mayoría de la gente común. Sin embargo, cuando los miembros de la familia se matan entre sí, surgen diferentes tipos de preguntas a medida que las personas luchan por comprender cómo y por qué puede ocurrir una violencia tan extrema en un hogar, un supuesto lugar de amor y santuario.

Estos casos suelen adquirir un grado especial de infamia cuando ocurren en comunidades pacíficas o incluso prósperas. Estos incidentes afectan colectivamente la sensación de seguridad de las personas y amenazan la imagen misma que tenemos de lo que consideramos una vida familiar normal. Peor aún, debido a que estos crímenes espantosos han ocurrido dentro de los hogares, son algo que proviene de la comunidad, donde la mayoría de nosotros creemos que estamos a salvo.

En cualquier caso, los niños han demostrado a lo largo de la historia que son más que capaces de asesinar incluso contra sus propios padres.

Los niños de todos los ámbitos de la vida llevaron a cabo estos asesinatos por una amplia gama de razones, que incluyen enfermedad mental, defensa propia, venganza, codicia o como resultado de discusiones demasiado acaloradas. Cualesquiera que sean los motivos, estos casos siempre conllevan un enorme dolor y trauma para los involucrados y la comunidad en general.

El asesinato, en general, es un fenómeno bastante complejo, pero cómo un niño se convierte en asesino, especialmente de sus propios padres, es una cuestión aún más profunda. Es una pregunta importante, pero también es una que no se puede responder de manera definitiva. Cada caso tiene que ser visto individualmente y completamente separado de los demás, con todas sus complejidades y contexto tomados en cuidadosa consideración. Esto es precisamente lo que hará este libro con diez casos selectos en los que niños han matado a sus padres de la forma más espantosa que se pueda imaginar. Estas son historias de dolor, amor, odio, locura y, sobre todo, tragedia, todas únicas en sus detalles pero todas entrelazadas con el potencial homicida que continúa acechando a la humanidad.

Jackie Ronson

JACKIE RONSON TENÍA SOLO doce años cuando ella y su novio de 23 años, Julius Allan Steinke, asesinaron a toda la familia de Jackie con un cuchillo. Este impactante triple asesinato sacudió a Canadá hasta la médula en 2006, lo que generó mucha controversia y discusión, particularmente en relación con el motivo. Particularmente inquietante fue lo aparentemente normal que era la familia Ronson, así como el hecho de que el dúo asesino también mató al hermano de 8 años de Jackie.

Una característica notable de la escena del crimen fue una cantidad excesiva de sangre, lo que incluso sorprendió a algunos de los investigadores. Al referirse a los asesinatos como "un gran evento de derramamiento de sangre", algunos de los investigadores que trabajaron en el caso notaron la extraordinaria crueldad y el exceso de violencia que encontraron en la casa de Ronson.

También descrito como un crimen pasional por algunos debido a la dimensión romántica que tenía el crimen, los asesinatos de la familia Ronson atrajeron una gran cantidad de atención. Algunos vieron los asesinatos como un ejemplo de lo que puede suceder cuando se manipula a niñas jóvenes e impresionables. Otros teorizaron que Natural Born Killers de Oliver Stone era el culpable de corromper a los jóvenes, mientras que otros también atribuyeron el caso a la pura y simple maldad. Al ver que el cómplice de Jackie en un momento afirmó ser un "hombre lobo de 300 años", uno podría ser perdonado por sospechar que la locura también fue un factor, aunque esto se descartó en los procedimientos legales. Ahora, una mujer libre desde mayo de 2016, Jackie Ronson fue la delincuente más joven en la historia de Canadá en ser declarada culpable de más de un asesinato en primer grado.

La familia Ronson y una fase problemática

. . .

Casi no había nada fuera de lo común en la familia Ronson.

Los padres, Marc y Debra Ronson, tenían 42 y 48 años en el momento de los asesinatos. Además de Jackie, también tenían un niño de 8 años llamado Tyler Jacob. Según todos los informes, eran una familia amorosa que se llevaba bien.

Los Ronson se habían mudado a Medicine Hat, Alberta, hace alrededor de tres años antes del crimen, y no pasó mucho tiempo hasta que adquirieron una reputación muy positiva en el barrio.

Según uno de sus vecinos, Bobby Grodin, muchas personas vieron a los Ronson como una familia modelo que todos aspiraban a construir. No obstante, las vidas de Marc y Debra no estuvieron exentas de turbulencias, al menos en el pasado. Ambos tenían problemas con el abuso de sustancias antes de conocerse y construir su nueva vida juntos. Fue en un grupo de apoyo de recuperación donde la pareja se conoció por primera vez y se ayudaron mutuamente a superar sus adicciones.

Entre su recuperación y su muerte a manos de su hija, Marc y Debra llevaban quince años de matrimonio.

A medida que Jackie se acercaba a los doce años, algunos cambios en su comportamiento y personalidad se hicieron gradualmente más visibles. Inicialmente, los cambios en el comportamiento, los intereses, la vestimenta y el maquillaje eran fácilmente atribuibles al inicio de la adolescencia y los cambios de comportamiento habituales en este momento de la vida. Con el tiempo, Jackie parecía estar desarrollando un interés en todas las cosas oscuras. Desde el maquillaje hasta la ropa y la música, Jackie entró en una fase gótica.

Cuando Jackie comenzó a meterse en problemas en su escuela católica, hubo indicios de que podría ser algo más que una fase. Ir en contra del código de vestimenta, mostrar imágenes satánicas y dibujar símbolos problemáticos en su piel con tinta eran solo algunas de las razones por las que Jackie a menudo recibía reprimendas. Su apariencia y comportamiento también alejaron a otros niños de ella, y pronto se encontró siendo evitada. La velocidad a la que ocurrieron estos cambios se ilustra mejor con los testimonios de algunos de sus amigos que la describieron como

amable, gentil, acogedora, amistosa, empática y extro-
vertida.

Antes del inicio de estos cambios en 2005, Jackie era
conocida como una estudiante modelo, tanto en lo que
respecta a la conducta como al trabajo escolar. Ahora,
a menudo respondía, desobedecía a sus maestros,
maldecía y se mostraba rebelde en general. Esta fase
descarriada podría haberse interpretado simplemente
como un ejemplo natural de una persona joven y en
crecimiento que afirma su personalidad e identidad si
las cosas no se hubieran deteriorado aún más.

Una escalada significativa en el deslizamiento de Jackie
hacia el lado oscuro se produjo en enero de 2006
cuando conoció a Julius Steinke por primera vez.
Según Julius, esta unión hecha en el infierno sucedió en
un concierto de punk rock e inmediatamente dejó una
impresión fuerte y duradera en Jackie.

Ya había estado inmersa en el gótico, el punk y
subculturas similares tanto en la vida real como en los
foros de Internet y las redes sociales, pero Julius multi-
plicó por diez esta fascinación.

. . .

No pasó mucho tiempo antes de que Julius y Jackie comenzaran a salir. Jackie solía salir a escondidas para encontrarse con su novio, o les mentía a sus padres sobre adónde iba, a menudo asegurando un pase diciéndoles que iba a estudiar con una amiga. Esto no siempre fue posible, por lo que una parte importante de su relación se comunicaba a través de Internet.

Después de involucrarse con Julius, las páginas de redes sociales de Jackie comenzaron a mostrar un número creciente de señales siniestras. Además de mentir a menudo que tenía quince años, Jackie expresaba interés en algunos temas muy oscuros y enumeraba al notorio asesino en serie y caníbal como uno de sus héroes como uno de sus héroes.

Ciertamente, no es impropio de un casi adolescente publicar cosas inmaduras y estúpidas en línea o proyectar una imagen atrevida para impactar, pero Jackie pronto llegó a un punto en el que otros niños le tenían miedo.

. . .

La relación indecorosa de la pareja gótica encontró la desaprobación inmediata incluso de los amigos de Jackie, quienes compartían sus intereses y vivían un estilo de vida similar. Un motivo de desaprobación fue la sorprendente disparidad de edad, por supuesto, pero Julius también tenía un historial de violencia y una reputación que dejaba mucho que desear. Naturalmente, cuando los padres de Jackie se enteraron de esta relación, se horrorizaron no solo por la juventud de su hija, sino también porque Julius no era realmente una influencia que la mayoría de los padres querían cerca de su hija preadolescente. Marc y Debra inmediatamente cortaron esta relación, castigaron a su hija y le prohibieron volver a ver a Julius.

Esto los enfureció a ambos, especialmente a Julius, quien, según los informes, escribió en un blog sobre el tema a principios de abril de 2006, lanzando una diatriba contra los padres de Jackie, expresando su deseo de cortarles la garganta. Jackie y Julius continuaron comunicándose por Internet, especialmente a través de comunidades y sitios web en los que ambos estaban registrados, como VampireFreaks y Nexopia.

Julius Steinke y la masacre

. . .

Mientras que Jackie se crió en un entorno familiar lleno de amor, Julius creció rudo. Su padre estaba fuera de escena desde que el niño era un niño pequeño. vivía con su madre alcohólica y sus numerosas parejas, que a menudo eran hombres abusivos.

Hablando de su padrastro, Julius dijo que abusó de él y de sus hermanos de varias maneras físicas y mentales. A veces, el padrastro ataba a los niños y les hacía ver cómo abusaba de uno de los otros hermanos.

Julius tampoco tuvo un descanso en la escuela, ya que otros niños lo acosaban y siempre tenía problemas para adaptarse. Julius vivía en muy malas condiciones, por lo que los acosadores lo molestaban, a menudo lo llamaban Apestoso.

Estas experiencias lo deprimieron y lo llevaron al suicidio, lo que lo llevó a intentar suicidarse antes de conocer a Jackie.

. . .

Ya en su adolescencia, Julius se convirtió en un niño extraño, en cierto modo creando una identidad completamente nueva para sí mismo.

Además de afirmar ser un antiguo hombre lobo, Julius agregó todo tipo de peculiaridades a su estilo, como joyas extrañas, maquillaje y otras cosas que lo ayudaron a afirmar su personalidad. Por ejemplo, algunos conocidos testificaron que Julius solía usar un frasco de sangre alrededor de su cuello. Este no fue el único relato de la temprana fascinación de Julius por la sangre, ya que también hubo testimonios de que le gustaba su sabor.

Ya cuando tenía quince años, Julius abusaba del alcohol y se autolesionaba. Incluso antes de conocer a Jackie, ya se había acostumbrado a andar con chicas de su edad. Julius a menudo se asociaba con niñas menores de edad en el centro comercial local, tal vez porque le resultaba más fácil impresionarlas que a las niñas de su edad. Con una licencia de conducir, su maquillaje gótico vanguardista y un aura de misterio, muchas chicas jóvenes e impresionables se sintieron atraídas por él, especialmente aquellas que estaban en la escena gótica, como Jackie.

. . .

A pesar de las amenazas en línea de Julius y el motivo claro para asesinar a los Ronson, los informes policiales posteriores muestran que, de hecho, fue Jackie quien planteó por primera vez la idea de matar a sus padres en un correo electrónico. No solo instigó el crimen, sino que presentó un plan, declarando explícitamente que los mataría para poder vivir con Julius. Steinke no protestó y, en cambio, ofreció su propia opinión sobre lo que deberían hacer y cómo. De hecho, incluso algunos de los amigos de Jackie declararon más tarde que ella les dijo que planeaba matar a sus padres, pero estas amenazas fueron interpretadas como bromas.

El día de los asesinatos, unas horas antes del hecho, Julius vio Natural Born Killers con sus amigos.

La trama de la película era sorprendentemente similar a lo que él y su novia menor de edad planeaban hacer.

Julius comentó que esperaba poder hacer algo así, solo que sin dejar con vida al hermano de Jackie. Julius se referiría a la película de Oliver Stone una vez más en sus eventuales conversaciones con la policía. Llamó a la película la mejor historia de amor de todos los tiempos, enamorado de la historia de una pareja joven que mata a los padres de la novia y huyen juntos.

En la noche del 22 al 23 de abril de 2006, Julius y Jackie harían realidad esta fantasía, o al menos lo intentarían.

Antes de los asesinatos, Julius bebía una mezcla considerable de bebidas alcohólicas, como cerveza, vodka y vino. Además de esto, también tomó cocaína y éxtasis. Julius luego habló sobre cómo bebió alcohol y tomó las drogas justo antes de conducir hacia el vecindario de Jackie y que estaba "fuera como un cohete".

Armado con un cuchillo de carnicero, Steinke se vistió completamente de negro para esta ocasión mientras también usaba una máscara. Cuando llegó a la residencia de Ronson, se coló silenciosamente en la casa mientras los padres de Jackie dormían. Sin embargo, Debra pronto se despertó al escuchar ruidos y bajó las escaleras para investigar la conmoción. Cuando encontró y confrontó a Julius, el ataque comenzó de inmediato, Julius la apuñaló varias veces.

· · ·

Los gritos de Debra mientras la apuñalaban hasta la muerte inmediatamente despertaron a Marc, quien corrió escaleras abajo para ver qué estaba pasando. Al escuchar claramente que su esposa estaba siendo atacada, Marc agarró el objeto más cercano como arma, un destornillador. Marc atacó ferozmente al asesino en un intento desesperado por defender a su familia, sobre lo que Julius testificó más tarde.

Describió que fue tomado por sorpresa por esta reacción repentina y por lo rápido que Marc bajó las escaleras. Según Julius, Marc logró inmovilizar a Julius contra el suelo en la lucha, intentando apuñalarlo con el destornillador mientras le metía los pulgares en los ojos.

Steinke finalmente logró dominar a su víctima y, mientras apuñalaba a Marc Ronson hasta la muerte, se le preguntó por qué estaba haciendo todo esto. Julius respondió que esto era lo que quería la hija de Marc, por lo que probablemente sea lo último que Marc escuchó en su vida. Más tarde se descubrió que el cuchillo de Julius tenía la punta doblada, lo que indica que había golpeado el hueso, ya que Julius había apuñalado a su víctima un total de 24 veces.

. . .

Después de que Julius mató a la pareja de Ronson, él y Jackie se encontraron en la habitación de su hermano de 8 años. Lo más probable es que Jacob se hubiera despertado por la conmoción grisácea en el resto de la casa.

Jackie lo encontró escondido en su cama y probablemente se quedó con él mientras Julius mataba al resto de la familia.

Después de muy poca consideración, la pareja decidió que también deberían matar a Jacob, basándose en la lógica de Jackie de que era demasiado joven y demasiado sensible para seguir viviendo sin sus padres. Jackie primero trató de asfixiar a su hermano pequeño con una almohada mientras le decía que se durmiera. Después de este intento fallido, Jackie apuñaló al niño cinco veces, la mayoría en el cuello y el pecho, después de lo cual también le cortaron la garganta al niño.

Aprensión y secuelas

. . .

El espantoso crimen comenzó a salir a la luz al día siguiente.

La primera persona en encontrar los cadáveres de la familia Ronson fue un vecino de 6 años y amigo de Jacob. Llegó a la casa con la esperanza de jugar con su amigo, como lo había hecho muchas veces antes. Después de no recibir respuesta a sus golpes, el niño echó un vistazo a través de la ventana justo al lado de la puerta principal y vio la horrible vista de los cuerpos masacrados de Debra y Marc. Se apresuró a regresar a casa para contarles a sus padres lo que vio y llamaron a la policía.

La policía respondió rápidamente y fueron los primeros en llegar al lugar alrededor de la 1 p.m. fue Brent Secondiak.

Primero miró por la ventana y pudo ver al menos un cuerpo en una escena del crimen muy sangrienta. Inmediatamente pidió refuerzos y pronto llegaron detectives y oficiales adicionales. Luego, los policías entraron a la fuerza en la casa y comenzaron a inspeccionar la escena del crimen, descubriendo una escena de pesadilla que seguramente los perseguiría por el resto de sus días.

Al descubrir los cuerpos, los investigadores inicialmente no tenían idea de lo que estaban viendo, por lo que registraron las instalaciones en busca de evidencia. Cuando descubrieron al niño de 8 años asesinado, la policía comenzó a sospechar que alguien cercano a la familia había perpetrado los asesinatos. Una vez que encontraron una fotografía familiar, que incluía a Jackie, se dieron cuenta de que la hija de 12 años de los Ronson no estaba. Sin embargo, los investigadores no tenían idea de que Jackie tenía algo que ver con los asesinatos, sino que sospechaban que había sido secuestrada. Como tal, la primera orden del día de la policía fue emitir una alerta ámbar y comenzar a buscar a la niña.

La búsqueda llevó a la policía al casillero de la escuela de Jackie, donde comenzaron a encontrar señales siniestras.

La primera pista de que algo andaba mal con Jackie fue un dibujo que la policía encontró en el casillero, que representaba una serie de eventos representados con figuras de palitos. El dibujo era claramente una ilustración de una pareja incendiando una casa antes de huir juntos, y fue la pista que hizo que la policía comenzara a sospechar que Jackie podría no haber sido una víctima. Las verdaderas sorpresas se produjeron cuando los investigadores comenzaron a investigar el rastro digital de Jackie, en particular sus correos electrónicos y mensajes con Julius.

La pareja fugitiva fue localizada en 24 horas en un pueblo llamado Leader, a unas 100 millas de Medicine Hat, y fueron arrestados de inmediato. Los oficiales que lo arrestaron testificaron más tarde que tanto Julius como Jackie parecían indiferentes hacia sus arrestados y sus horribles crímenes, pareciendo despreocupados e incluso felices consigo mismos. Días después, la policía también arrestó a Kacy Lancaster, la amiga de Julius de 19 años, bajo la sospecha de que era cómplice de asesinato ya que ayudó a conducir a la pareja y a destruir evidencia.

De acuerdo con la Ley de Justicia Penal Juvenil de Canadá, los menores de edad tienen cierta protección. La identidad de Jackie se mantuvo oculta y se la conocía como "J.R." Según las circunstancias, doce era la edad más joven a la que una persona podía ser acusada de cualquier delito, por lo que Jackie, al igual que Julius, fue acusada de tres cargos de asesinato en primer grado.

Sin embargo, para los niños perpetradores entre las edades de doce y catorce años, la pena máxima posible era de diez años de prisión. Jackie y su defensa se declararon inocentes de todos los cargos y dijeron que su correspondencia con Julius y otros era solo hipotética y que en realidad nunca tuvo la intención de seguir adelante. Sin embargo, le dijo a la policía que su motivo era su amor por Julius. Como explicó, sintió que matar a su familia acercaría a los dos.

Ambos asesinos fueron declarados culpables de los cargos y el veredicto de Jackie se alcanzó el 9 de julio de 2007, con una sentencia máxima de diez años. Además del tiempo en prisión, Jackie también tuvo que pasar por extensos programas de observación psiquiátrica. El caso de Julius tardó un poco más en llegar a su epílogo, y el veredicto se transmitió el 15 de diciembre de 2008. Por cada uno de los tres asesinatos, Julius Steinke recibió una sentencia de cadena perpetua, aunque puede ser elegible para libertad condicional después de 25 años cumplidos. Durante los procedimientos legales, Steinke le propuso matrimonio a Jackie, a lo que ella accedió, aunque el matrimonio nunca llegó a buen término y probablemente nunca lo hará.

La sentencia de Jackie realmente implicó una gran cantidad de rehabilitación, que pareció haber producido resultados considerables con el tiempo.

Según los expertos que trabajaron en el caso de Jackie, ella mostró un gran remordimiento con el tiempo y finalmente llegó a aceptar y arrepentirse en toda su magnitud de sus atroces fechorías. Sus evaluaciones psiquiátricas determinaron que Jackie posiblemente padecía ciertos trastornos de personalidad al momento del crimen, y se hicieron grandes esfuerzos para rehabilitarla y reintegrarla. El 6 de mayo de 2016, poco después del aniversario de la masacre de la familia Ronson, el programa de rehabilitación de Jackie terminó oficialmente y fue devuelta al mundo.

2

Alex Y Derek King

NUESTRO PRIMER CASO que ilustra que los niños significativamente más pequeños también son capaces de una violencia mortal es el asesinato de Terry King. Terry fue brutalmente asesinado a golpes por sus dos hijos, Alex y Derek, quienes tenían solo doce y trece años durante el atroz acto que cometieron el 26 de noviembre de 2001. La juventud de los asesinos y la brutalidad del asesinato se destacan en este caso. Puede ser difícil o incluso imposible determinar más allá de toda duda razonable cómo dos niños llegaron al punto en que golpearon a su padre hasta matarlo con un bate de béisbol y luego incendiaron la casa.

Los relatos inconsistentes y en constante evolución de los niños que dieron durante el juicio hicieron que el caso fuera aún más confuso. La participación de Ricky Chavis, amigo de Terry King, y el abuso que los chicos pudieron o no haber sufrido a manos de su padre son solo algunos de los factores que complican el caso.

Este caso de parricidio se caracteriza por el hecho de que ambos perpetradores ya cumplieron su condena en prisión y fueron liberados. Esta oportunidad de crear una apariencia de vida normal después de todas las pruebas sangrientas es algo raro que rara vez ocurre en estos casos.

Asesinato, incendio premeditado y la investigación inicial

El asesinato de Terry King fue un hecho particularmente espantoso y feroz. La naturaleza brutal de los asesinatos y la edad de los perpetradores llevó a muchos a creer que este debe haber sido un caso de niños abusados que se vengaron o intentaron defenderse. Sin embargo, como se demostró durante el juicio, el caso estaba lejos de ser tan claro.

El drama comenzó a desarrollarse el 26 de noviembre de 2001, cuando los bomberos locales del condado de

Escambia, Florida, se apresuraron a responder a un incendio en curso en la ciudad de Cantonment. El informe llegó a la 1:39 a. m., y cuando llegaron los bomberos, el fuego aún no había consumido toda la casa. De hecho, fue en la parte de la casa que no ardía donde los bomberos encontraron el cuerpo de Terry King tirado en un sofá. Incluso los primeros en responder en la escena podrían descartar la mayoría de las causas relacionadas con incendios para esta muerte ya que Terry fue encontrado con la cabeza severamente golpeada.

La autopsia posterior confirmó rápidamente que Terry King había muerto debido a un traumatismo contundente en la cabeza antes del incendio. Se determinó que había sido golpeado repetida y severamente con un objeto contundente, que luego se confirmó que era un bate de béisbol de aluminio. El cráneo de Terry estaba resquebrajado y los fuertes golpes desfiguraron una parte importante de su rostro. Otros signos de juego sucio en la escena del crimen fueron los rastros de combustible derramado que se encontraron alrededor de la casa, lo que indica claramente que los perpetradores habían encendido el fuego en un intento de ocultar evidencia.

. . .

Al interrogar a los vecinos, el detective John Sanderson y otros investigadores pronto confirmaron que Terry King tenía dos hijos, ambos desaparecidos. Al día siguiente, el 27 de noviembre, tanto Alex como Derek fueron llevados a la oficina del alguacil del condado de Escambia por Rick Chavis. Rick Chavis era un conocido de la familia. cuyo nombre seguiría regresando y eventualmente se convertiría en una de las piezas clave del rompecabezas asesino.

Cuando Chavis trajo a los niños, se entregaron a la policía y comenzó el interrogatorio. Alex y Derek fueron entrevistados por separado por la policía, y ambos confesaron rápidamente que, de hecho, asesinaron a su padre.

Según sus declaraciones y confesiones iniciales, Alex fue quien tuvo la idea de matar a Terry mientras Derek hacía el trabajo. El asesinato también contó con un grado de premeditación. Derek esperó pacientemente por la noche a que su padre se quedara dormido en el sofá antes de atacar. En los procedimientos posteriores a su arresto, los King Boys darían versiones contradictorias y aparentemente cambiantes de muchos aspectos del caso, especialmente los motivos del asesinato. Explicaron que le tenían miedo a su padre y decidieron matarlo porque temían que los castigara por huir de casa.

Antes del asesinato, Alex y Derek pasaron un tiempo en la casa de Rick Chavis, aunque Terry lo prohibió a principios de noviembre. Esto fue a pesar del hecho de que Chavis había sido amigo de Terry durante varios años, lo que señala el hecho de que Terry se sentía cada vez más incómodo con la relación entre sus hijos y Rick en el tiempo previo a su muerte.

Sin embargo, a pesar de la expresión de miedo de los niños como la causa del asesinato, tuvieron que admitir que su padre nunca abusó físicamente de ellos. Hicieron mención de haber sido empujados algunas veces o, en el peor de los casos, rara vez azotados, pero explicaron que la mayor parte del supuesto abuso era psicológico. De acuerdo con algunas de sus declaraciones iniciales, Terry a veces miraba a los niños amenazadoramente cuando hacían algo mal.

Además de eso, tanto Alex como Derek describieron a su padre como estricto, al menos según sus estándares.

La descripción de estas cosas como "mentalmente abusivas" fue dada por los propios muchachos.

Tanto Derek como Alex eventualmente cambiarían sus testimonios varias veces con respecto a numerosos aspectos del caso, no solo la responsabilidad del asesinato en sí. Sin embargo, lo más notable es que la primera vez que los chicos decidieron cambiar sus declaraciones originales fue cuando implicaron a Chavis en el asesinato, diciendo que si bien mataron a Terry, fue Chavis quien los convenció. Eventualmente, cambiaron su historia una vez más, acusando a Chavis de matar a su padre y luego obligándolos a asumir la culpa. Estas acusaciones eventualmente serían descartadas, pero ese sería el menor de los giros y vueltas de este caso, particularmente cuando se trataba de Rick Chavis.

El 28 de noviembre, tanto Derek como Alex fueron acusados de un cargo abierto de asesinato mientras los fiscales preparaban su caso. Con solo trece y doce años, Derek y Alex fueron detenidos en el Centro de Detención Juvenil. A pesar de las denuncias de abuso que los niños hicieron contra su padre, hubo una gran dificultad para establecer un motivo claro para el crimen, lo que haría que los procedimientos legales fueran aún más controvertidos de lo que ya eran.

Aparte del hecho de que Derek y Alex se encontraban entre los individuos más jóvenes en la historia de Florida en ser acusados de asesinato, quienes observaron el juicio también se sorprendieron por los inquietantes testimonios que provinieron de estos jóvenes con problemas. Todo, desde la descripción de Derek de cómo su padre gorgoteaba mientras moría hasta las inquietantes revelaciones sobre Rick Chavis, sacudió a la nación hasta la médula. No obstante, el juez pronto decidió juzgar a los niños como adultos, tal como lo permite el estado de Florida, y un gran jurado los acusó a ambos de asesinato en primer grado el 11 de diciembre de 2001.

Más revelaciones y Rick Chavis

El posible papel de Rick Chavis, así como su relación general con la familia King, despertaron el interés del detective Sanderson desde el principio. Antes de que los investigadores entrevistaran a Chavis, recibió relatos de amigos de Terry sobre su relación con los niños.

Sanderson no tardó mucho en tener la sensación de que algo andaba mal con Chavis.

En los años de amistad entre Rick y Terry, Rick se había vuelto muy cercano a Derek y Alex. Eran tan cercanos, de hecho, que Rick Chavis se agregó a la lista de personas que podrían recoger a los niños de la escuela.

Los niños también solían pasar tiempo en la casa de Rick, que preferían con mucho a la casa de su padre. Según los testimonios de los hermanos, Terry era estricto en el sentido de que les imponía disciplina y reglas.

Por otro lado, Chavis les permitía ver la televisión tanto como quisieran, jugar videojuegos e incluso fumar marihuana. Diez días antes del asesinato de Terry, los chicos se escaparon a la casa de Chavis. Después de registrar el teléfono de Chavis, la policía encontró un mensaje grabado en el que Alex le decía a Chavis que le gustaría que le dijera a su papá que ni él ni su hermano volverían a casa. En su testimonio, Chavis expresó su simpatía por estos sentimientos y corroboró el relato de los niños sobre el presunto abuso mental al mismo tiempo que dio su opinión personal de que Terry King era demasiado controlador como padre.

Chavis también estaba preparado para testificar que Terry abusó si la investigación determinaba que los hermanos estaban involucrados en el asesinato. Además, ya había expresado su creencia de que podrían haber sido culpables, ya que estaba al tanto del deterioro de la relación entre Terry y sus hijos. Chavis también testificó que tanto Alex como Derek habían expresado su deseo de que su padre muriera en ocasiones anteriores.

Además de permitir que los menores fumaran marihuana en su casa, Chavis tenía varios otros esqueletos en su armario. En particular, era un abusador de niños convicto y, a medida que avanzaban la investigación y los procedimientos legales, salió a la luz que lo más probable es que Chavis albergara una especie de obsesión sexual con Alex. La dimensión sexual trajo mucha complejidad adicional y desdibujó aún más las líneas en el caso. La relación sexual, que Alex confirmó en su testimonio, de repente creó un posible motivo de Chavis para matar a Terry para evitar que se enterara.

. . .

Pronto surgieron lagunas en la historia de Chavis, primero con respecto a su presencia en la escena del crimen.

Temprano en la mañana después de que se apagara el incendio en la casa de Terry, James Walker, el abuelo adoptivo de los dos niños King, le dijo al detective Sanderson que ya había discutido los eventos con Chavis. Según Walker, Chavis fue quien le contó sobre el incendio y también le dijo que Derek y Alex se habían escapado de casa. También dijo que entró a la casa y vio el cadáver de Terry.

Esta versión era diferente de la que Chavis le daría al detective Sanderson y su equipo de investigación. Durante la primera entrevista de Chavis, dijo que trató de entrar a la casa pero que los bomberos no se lo permitieron. Más importante aún, Chavis le dijo a Sanderson que dejó a los hermanos King en casa el día antes del asesinato y que no los había visto después.

No mucho después de la primera entrevista, la policía registró la casa de Chavis y comenzaron a surgir detalles de su relación con Alex.

. . .

Por extraño que parezca, la policía realizó la búsqueda después de pedir permiso para hacerlo, y fácilmente encontraron pistas importantes. Por un lado, Chavis tenía una foto de Alex justo encima de su cama. El segundo y más incriminatorio fue el descubrimiento del diario personal de Alex en el ático. En él, Alex había escrito bastantes cosas sobre sus sentimientos románticos por Chavis. Alex también hizo referencia a un cambio percibido en su propia sexualidad, señalando que solía ser heterosexual antes de conocer a Rick pero que ahora era gay.

Estos hallazgos llevaron a los investigadores a observar más de cerca los antecedentes de Chavis. Tal vez como era de esperar, rápidamente se determinó que Chavis tenía antecedentes penales, que incluían cargos relacionados con conducta lasciva e indecente con niños pequeños en 1984.

Estos cargos llevaron a Chavis a prisión por seis meses, más cinco años de libertad condicional, que se violó en 1986. después de que Chavis fuera arrestado por robo y hurto menor. Fue declarado culpable y tuvo que cumplir otros tres años.

• • •

Los primeros cargos presentados contra Chavis en relación con el asesinato de Terry King lo acusaron de ser cómplice de asesinato. La policía lo acusó no solo de proporcionar un escondite a Alex y Derek tras el asesinato de Terry, sino también de ayudarlos activamente a ocultar las pruebas de su delito, por ejemplo, lavando las manchas de sangre de sus ropas. Mientras todos estaban encarcelados en la cárcel para adultos del condado, Chavis trató de comunicarse con los niños y manipular sus testimonios, aunque los guardias lo atraparon en el acto. Varias semanas después de estos intentos, los guardias encontraron una nota escrita en el basurero de Alex. Además de instrucciones sobre cómo manejar el caso, la nota también incluía declaraciones de amor y las garantías de Chavis a Alex de que "lo esperaría". Aunque Chavis luego negó tener algo que ver con esta nota, era muy poco probable que alguien más la hubiera colocado allí.

Tras el cambio de testimonio de los niños en abril de 2002, en el que acusaron a Chavis, fue acusado de asesinato en primer grado, además de incendio premeditado, agresión sexual y manipulación de pruebas y testigos. Por lo tanto, el juicio de Chavis se llevó a cabo por separado de los niños King, y ambos actuaron como testigos en el proceso. Implicando a Chavis, Alex dijo que Chavis era quien quería que los niños se mudaran a su casa y que les dijo que esto no sería posible hasta que Terry muriera. El testimonio de Alex indicó además que Chavis llegó a la casa de su padre la noche del asesinato para ahuyentarlos.

Después de hacer que esperaran en el maletero de su automóvil, Chavis supuestamente entró en la casa de Terry y admitió que mató a Terry una vez que regresó al automóvil.

Según la decisión anterior, la sentencia en el juicio de Chavis permanecería sellada hasta que se llegue a un veredicto en el proceso contra Derek y Alex. En última instancia, se retiraron los cargos de abuso sexual contra Chavis, pero fue declarado culpable de encarcelamiento falso, manipulación de pruebas y complicidad en el asesinato. En total, fue condenado a 35 años de prisión, que es una condena que aún cumple.

Epílogo del proceso y los problemas de la familia King

. . .

Los dos juicios simultáneos compartieron muchos de los mismos testigos, entre ellos Derek y Alex. Cuando Alex subió al estrado como testigo de su propia defensa, dio aún más detalles sobre su relación con Chavis. En este punto, Alex también testificó falsamente que el propio Chavis golpeó a Terry con el bate de béisbol, no a Derek. Continuó diciendo que los testimonios iniciales de los hermanos eran solo historias ensayadas destinadas a proteger a Rick Chavis.

Ambos niños finalmente fueron declarados culpables de asesinato en segundo grado e incendio premeditado, lo que podría haberlos llevado a prisión de 22 años a cadena perpetua solo por el asesinato, además de 30 años por incendio premeditado. Esta condena, sin embargo, fue anulada por el juez debido a problemas en los métodos de la acusación. Se ordenó a la defensa y la acusación que iniciaran una mediación y llegaran a un acuerdo. Este acuerdo se produjo el 14 de noviembre de 2002, cuando los niños se declararon culpables de asesinato en tercer grado e incendio premeditado como parte del acuerdo. Por estos delitos, Derek y Alex recibieron ocho y siete años de prisión, respectivamente. Hoy, ambos son hombres libres después de haber sido liberados en 2008 y 2009.

· · ·

Aunque Terry King no haya abusado de sus hijos, la situación familiar estaba lejos de ser idílica y tenía muchos problemas. La madre de los niños, Kelly Marino, era una persona disfuncional y no estuvo presente durante gran parte de la vida de sus hijos. Terry la conoció en 1985, después de lo cual pasaron ocho años viviendo juntos, durante los cuales tuvieron a Alex y Derek. En el transcurso de esta relación, Kelly quedó embarazada de otro hombre y dio a luz a mellizos.

Las cosas se intensificaron aún más en 1994 cuando Kelly simplemente dejó a Terry y a los niños, así como a sus otros dos hijos.

Quizás las presiones de la maternidad la habían empujado más allá del punto de ruptura, pero Kelly también tenía antecedentes de abuso de sustancias, en su mayoría problemas de drogas. Sus dos gemelos terminaron siendo adoptados al año siguiente. En cuanto a Derek y Alex, se separaron porque Terry luchaba por mantener a dos hijos por su cuenta. Derek se fue a vivir con Frank Lay, director de una escuela secundaria, y su esposa, Nancy.

· · ·

La familia adoptiva de Derek más tarde daría muchos importantes testimonios durante los juicios por asesinato. En particular, Frank y Nancy testificaron que Derek les rogó que no lo enviaran de vuelta a casa cuando decidieron dejar de ser su acogida de padres. Según los Lays, Derek les dijo que Alex odiaba a su padre y que quería que muriera.

Nancy le dijo a la corte que Derek le informó sobre un plan en curso para matar a Terry.

La razón por la que los Lay finalmente decidieron dejar de acoger a Derek en septiembre de 2001 fue su comportamiento cada vez más problemático que simplemente no tenían forma de controlar. Derek comenzó a consumir varias drogas que podía conseguir y mostró una creciente propensión a jugar con fuego. Estos inquietantes acontecimientos hicieron que los Lays se preocupen por la seguridad de sus hijos biológicos.

A Alex también se le dio una familia adoptiva por un tiempo, pero ese arreglo tampoco funcionó. Curiosamente, la madre de Terry testificó que Alex estaba realmente feliz cuando lo enviaron de regreso a vivir con su padre. Una vez que Derek regresó, las cosas comenzaron a tomar un giro oscuro una vez más, y la situación en la casa se tensó rápidamente.

Según Kelly, Terry era un padre estricto pero justo, gentil y devoto que amaba mucho a sus hijos. Los hermanos, especialmente Derek, se sentían diferentes. La naturaleza rebelde de Derek quizás se mezcló con el distanciamiento para crear una sensación de alienación e intolerancia hacia su padre. Las supuestas "miradas fijas", que los chicos en un momento describieron como un castigo sistemático en el que Terry los ponía a ambos en una habitación y los miraba fijamente, también hicieron que Derek se sintiera amenazado. Además de eso, Derek odiaba vivir encerrado y le diagnosticaron TDAH y le recetaron Ritalin. Terry quitó a Derek este medicamento en el tiempo previo al asesinato.

En general, Derek parecía tener un lado muy agresivo y violento que presentaba un profundo resentimiento hacia su padre y hacia la vida en general. Incluso la música podía hacer que Derek tuviera un ataque de ira, que Terry trató de reparar sacando el televisor y otros dispositivos de la casa.

. . .

Esto, al igual que otros intentos de Terry por aplacar a su hijo, a menudo solo hacía que Derek se sintiera aún más frustrado.

3

Joseph Y Erik Menéndez

EL CASO de Joseph Lyle y Erik Galen Menéndez fue uno de esos casos en los que las razones y los motivos detrás de los asesinatos eventualmente saldrían a la superficie y se apoderarían de todo el juicio. El motivo, que inicialmente se atribuyó sólo a la codicia y el robo, resultó ser mucho más complejo de lo que todos pensaban, y tenía el potencial de determinar la diferencia entre el villano y la víctima en toda la agotadora historia. Esto sigue siendo cierto hasta el día de hoy y se puede ver en las discusiones retrospectivas sobre el caso.

Los actos asesinos que cometieron los hermanos Menendez sacudieron hasta la médula a las comunidades de lujo de Beverly Hills y a toda la nación. Cómo esta familia, aparentemente viviendo la definición del Sueño Americano, pudo llegar a este punto sangriento ha desafiado la perspectiva mundana de muchas personas.

En la superficie, la familia Menendez realmente parecía haberlo tenido todo, y se los consideraba el ejemplo perfecto de éxito. Según los hermanos, fue lo que el mundo exterior no podía ver lo que eventualmente llevó a Lyle y Erik a asesinar a sus padres de una manera tan brutal que la policía inicialmente pensó que era un golpe de la mafia planeado para enviar un mensaje.

Antecedentes de la familia Menéndez

El padre de los hermanos, José Enrique Menéndez, era un cubano que nació en una familia rica cubana el 6 de mayo de 1944. En La Habana antes de la revolución, la familia de José era una familia prominente e influyente con mucha riqueza y poder. Eran conocidos por ser excelentes en los negocios y en otras esferas, como los deportes. El padre de José hizo parte de su fama y riqueza gracias a una exitosa carrera futbolística.

Además de ser un jugador de fútbol bastante famoso, el padre de José también era empresario y tenía su propia empresa. Por otro lado, la madre de José era una nadadora de gran éxito y parte del salón de la fama del deporte cubano. Como atletas, los padres de José eran famosos y respetados, lo que trajo muchas ventajas para José y su hermana.

Después de la Revolución Cubana en la década de 1950, muchas de las élites que disfrutaban de privilegios y riquezas bajo la dictadura militar del presidente Fulgencio Batista se vieron obligadas a irse y buscar fortuna en otros lugares.

Desde muy joven, el joven José fue empujado por sus padres a alcanzar la excelencia y el éxito en todos los aspectos de la vida, considerando cualquier cosa menos indigna del apellido familiar. Esto continuaría una vez que llegó a Estados Unidos en 1960 cuando era un adolescente de 16 años. Inicialmente se fue con el prometido de su hermana y primero se instaló con su tía en Hazleton, Pennsylvania.

. . .

Aunque era joven y recién inmigrante, José Enrique Menéndez estaba seguro de que triunfaría. Su familia quizás fue autoritaria a veces, pero inculcaron un sentido de confianza y una sed insaciable de éxito en José. Los primeros años de vida de José en los Estados Unidos no fueron tan privilegiados como los de la Cuba anterior a la revolución, pero esto no lo disuadió y estaba decidido a recuperar su estatus en este nuevo y oportuno entorno.

En los años que tuvo que pasar en la escuela secundaria, José fue muy exitoso y un gran triunfador. Debido a sus buenas calificaciones e historial deportivo, José pudo obtener una beca deportiva, lo que le permitió asistir a la Universidad del Sur de Illinois en Carbondale. Esta fue una excelente manera para que José se impulsara a sí mismo, ya que no podía permitirse asistir a ninguna de las escuelas de la Ivy League.

Durante estos primeros días de universidad, José conoció a Mary Louise Anderson, conocida entre sus amigos como Kitty. Mary Louise Anderson era una chica bonita, una estudiante destacada y ganadora de un concurso de belleza, que fueron solo algunas de las cosas que hicieron que José sintiera que esta era la chica perfecta para él. Después de algunas citas, los dos se casaron en 1964, luego de lo cual se mudaron a

Nueva York. Mientras estuvo allí, José obtuvo un título en contabilidad de Queens College.

Después de su graduación, José pasó con éxito la prueba de CPA para convertirse en contador público certificado, comenzando su exitosa carrera en los negocios. En este momento, muchas de sus virtudes comenzaron a aflorar, junto con muchos defectos. Dondequiera que trabajó, José encontró un gran éxito profesional y fue conocido como inteligente, dotado y, sobre todo, diligente. Sin embargo, muchos también llegaron a conocer el lado más oscuro de José, creyéndolo arrogante, grosero y demasiado estricto con las personas, especialmente con sus subordinados, José esperaba nada más que lo mejor en todo momento, lo cual era demasiado para manejar para algunas personas.

José y Mary tuvieron su primer hijo, Joseph Lyle, a principios de 1968, mientras que Erik nació a finales de 1970. Después del nacimiento de Lyle, la familia se mudó a Nueva Jersey, que terminó siendo el lugar de nacimiento de Erik.

. . .

Después de formar una familia, José siguió siendo un adicto al trabajo y centró gran parte de su tiempo y esfuerzo en el trabajo, mientras que su esposa se quedaba en casa la mayor parte del tiempo. Aún así, José estaba lejos de no estar involucrado en la vida de sus hijos, ni mucho menos. José era estricto y muy exigente con sus hijos, aplicando normas similares a las que su padre tenía para él. Ser un Menéndez significaba algo, y José se dedicó a asegurarse de que sus hijos valieran mucho. José también se destacó como un esposo infiel que tuvo numerosas indiscreciones extramatrimoniales.

Sin embargo, la carrera empresarial de José iba muy bien.

Ya en 1973, Menéndez se convirtió en el director financiero de Hertz Corporation. Avanzó rápidamente gracias a su empuje, ambición insaciable y agresividad natural. Como señalaron algunos de los antiguos socios comerciales de José, no solo estaba superando a los demás, sino que también se creía más inteligente que la mayoría de las personas. Esta fue una de las razones por las que José mantuvo a los demás en estándares tan altos y era conocido como una persona muy crítica que a menudo expresaba sus críticas a los demás sin dudarlo.

Tanto la carrera como la vida familiar de José dieron otro giro en 1986 cuando él y su familia se mudaron a California, donde le dieron un trabajo como director de operaciones en RCA Records. Durante este tiempo, Menéndez comenzó a conocer a muchas celebridades y otras figuras importantes del mundo del espectáculo. Así fue como José hizo sus incursiones iniciales en la industria que le traería a él y a su familia aún más riqueza y fama.

Tanto Erik como Lyle fueron atletas talentosos desde una edad temprana. Erik, por ejemplo, fue un destacado tenista, mostrando una gran promesa durante su año en la escuela secundaria. En un momento, Erik fue clasificado como el jugador número 44 en todo EE. UU., entre los jugadores menores de dieciocho años. José fomentó estos talentos y buscó que sus hijos avanzaran en sus carreras deportivas.

Esta fue una de las razones por las que José inscribió a sus hijos en Princeton Day School, iniciándolos en un camino rápido hacia el éxito que no estaba disponible para él cuando todavía era un inmigrante adolescente en los Estados Unidos.

El camino al asesinato

El último sueño de José era que sus hijos fueran a la prestigiosa Universidad de Princeton. Creía que al asistir a Princeton, Erik y Lyle tendrían incluso más éxito que él y entrarían en el establecimiento de élite estadounidense de una manera que no era posible para él.

Sin embargo, a pesar de sus dotes atléticas, Erik y Lyle pronto comenzaron a holgazanear en la escuela, y ambos resultaron ser estudiantes menos que ideales. Desde el principio, también quedó claro que los niños no eran tan motivados y agresivos como su padre.

Lyle, en particular, era un chico algo reservado y tímido que no destacaba ni en sus estudios ni en hacer amigos. Lyle finalmente llegaría a Princeton, pero tendría problemas desde el principio. Por otro lado, Erik era más extrovertido y sociable que Lyle, pero él tampoco se esforzaba mucho en sus estudios. Su bajo rendimiento académico no le sentó bien a su padre altamente exigente. Incluso cuando sobresalían, los muchachos casi nunca eran lo suficientemente buenos, por lo que cada fracaso tenía aún más peso debido a eso.

José estuvo muy involucrado en este aspecto de la vida de sus hijos. Consideró que era su responsabilidad y su sueño hacer que sus hijos fueran tan perfectos como pudieran ser: maestros en todos los oficios. En ese sentido, José se involucró en gran medida con la educación de sus hijos, a menudo tratando de asegurarse de que estuvieran estudiando y haciendo sus tareas.

A veces, este tipo de control conduciría a situaciones desagradables, particularmente durante las muchas pruebas sorpresa de José que los niños tendrían que pasar, José se pondría amenazante en la cara de sus hijos durante estas sesiones intensas y les haría preguntas, reprenderlos o incluso golpearlos cuando se equivocaron en sus respuestas.

Esto gradualmente creó una atmósfera tóxica de miedo e hizo que los niños odiaran la escuela aún más. Sobre todo, Erik y Lyle eventualmente sentirían poco más que miedo hacia su padre. Si bien muchas personas, particularmente sus socios comerciales, tenían mucho respeto por José Menéndez, algunos pensaban muy poco en él. Según Pamela Bozanich, la fiscal en el proceso posterior al juicio por asesinato de los hermanos Menéndez, muchas personas que conocían a José lo consideraban una persona horrible.

La esposa de José también tuvo muchas dificultades en su matrimonio. Hubo momentos en que Kitty sospechaba de las infidelidades de su esposo, pero poco podía hacer aparte de buscar terapia con un psiquiatra. El estrés provocado por la infidelidad de su esposo, además de su temperamento duro, eventualmente llevó a Kitty a un estado de depresión y pensamientos suicidas, razón por la cual buscó ayuda profesional.

A pesar de todos estos problemas internos, la familia Menéndez mantuvo con éxito una fachada no solo de normalidad sino también de felicidad y éxito total, especialmente cuando Lyle llegó a Princeton.

· · ·

Durante este tiempo, José confiaba en que tendría éxito en su sueño de establecer una familia poderosa en Estados Unidos y tenía la intención de dejar todo su patrimonio a sus hijos.

José siguió subiendo la escalera y finalmente se convirtió en presidente de una empresa de distribución de videos establecida en Los Ángeles. Este nuevo trabajo fue un gran salto para la carrera de José, trayendo un salario de más de $1 millón y muchas conexiones importantes. Fue entonces cuando la familia se mudó a los suburbios de Los Ángeles.

Las cosas empeoraron cuando Lyle fue suspendido de Princeton debido a las malas calificaciones y las frecuentes ausencias. Sin embargo, esto fue solo el comienzo, y los hermanos Menéndez pronto comenzarían a actuar de manera más seria.

Aunque no les faltaba nada en la vida, Erik y Lyle comenzaron a robar casas en su exclusivo vecindario. Después de robar dos casas, los hermanos se llevaron más de $100,000 en efectivo y otros objetos de valor. Después de ser detenidos por exceso de velocidad, los niños fueron capturados. con los bienes robados en sus baúles y arrestados de inmediato. Esta fue una gran vergüenza para José y toda su familia, incluso más que la suspensión de Lyle de Princeton.

No obstante, José reaccionó rápidamente a los arrestos y se aseguró de que sus hijos fueran liberados.

Siendo un adulto en ese momento, Lyle enfrentó la mayoría de las consecuencias legales y estaba lidiando con la posibilidad de pasar un tiempo significativo en prisión. José le ordenó a su hijo menor, Erik, que asumiera la culpa mintiéndole a la policía. Erik siendo menor de edad y José habiendo pagado a las víctimas de sus robos, los niños pronto fueron liberados.

Sin embargo, los niños fueron puestos en libertad condicional y Erik también tuvo que ver a un psicólogo ordenado por la corte, el Dr. Jerome Oziel. Antes de que comenzaran sus sesiones, José llegó a un acuerdo con el Dr. Oziel para averiguar todo lo que hablaría con su hijo. Los hermanos finalmente se enteraron de esto y Erik dejó de abrirse al Dr. Oziel. La vergüenza que los robos le habían causado a José lo impulsó a mudar a la familia nuevamente, esta vez a la próspera zona de Beverly Hills. La mansión que compró José en North Elm Drive valía unos $4 millones.

Desafortunadamente para la familia, los problemas continuaron cuando quedó claro que Erik y Lyle simplemente no eran lo que su padre quería que fueran. Por esa época, José tuvo que aceptar este hecho, pero eso no significaba que aceptaría las diferencias de sus hijos.

Por el contrario, José decidió reescribir su testamento y eliminar a Erik y Lyle de la herencia, un patrimonio valorado en unos $14 millones en ese momento. Para Erik y Lyle Menendez, esta fue la gota que colmó el vaso, la gota que colmó el vaso entre muchas que estaban a punto de salir a la luz tras los espantosos acontecimientos del 20 de agosto de 1989.

Los asesinatos y el juicio de Menéndez

Se suponía que la noche de los asesinatos sería una tranquila y perezosa tarde de verano. El Sr. y la Sra.

Menéndez descansaban en el estudio de su casa en Beverly Hills después de pescar tiburones con la familia ese mismo día. Con los chicos saliendo por la noche, la pareja de Menéndez se preparó para una noche de cine.

Para el mundo exterior, el sangriento drama comenzó alrededor de las 11:47 p.m. el 20 de agosto de 1989, cuando una comisaría de policía local recibió una inquietante llamada al 911 en Beverly Hills. Al otro lado de la línea, un joven aterrorizado le decía al operador que alguien había asesinado a sus dos padres. Este era Lyle dando la actuación de su vida, echando la culpa a los perpetradores desconocidos cuando, de hecho, él y su hermano acababan de gastar quince balas de escopeta calibre 12 en sus padres. José y Kitty no solo fueron asesinados; fueron masacrados hasta el punto de que era difícil identificarlos.

Además de los cadáveres destrozados de la pareja, la escena del crimen también constaba de sangre y materia cerebral en las paredes y el techo, lo que dejó atónitos a los socorristas. La brutalidad de los asesinatos llevó inicialmente a la policía a ver esto como un asesinato relacionado con el crimen organizado. Después de llamar a la policía, los hermanos también llamaron a Mark Heffernan, su entrenador de tenis, informándole que José había sido asesinado y pidiéndole que viniera. Heffernan llegó a la mansión de los Menéndez después de la policía y se topó con una escena del crimen activa. Los dos muchachos pronto fueron llevados al centro para ser interrogados. Los muchachos contribuyeron a las teorías de un asesinato relacionado con la mafia al ofrecer ideas similares en sus interrogatorios. Le dijeron a la policía que sus padres podrían haber sido asesinados por miembros de la mafia con la que trabajaba José.

Alrededor de las 10 p. m. la noche de los asesinatos, algunos vecinos reportaron haber escuchado ruidos que sonaban como petardos provenientes de la mansión de los Menéndez. Cuando Erik y Lyle entraron en la habitación, el primer tiro fue disparado a quemarropa en la nuca de José.

Su esposa, que en ese momento se había quedado dormida en el sofá, saltó al escuchar el disparo, tratando de escapar.

Sin embargo, recibió un disparo en la pierna y resbaló con la sangre que brotaba de la herida.

Luego, a Kitty le dispararon varias veces a quemarropa, recibiendo balas de escopeta en los brazos, el pecho y la cara.

Después de matar a sus padres, Erik y Lyle les dispararon de nuevo, esta vez en las rótulas, para dar a su crimen la apariencia de estar relacionado con el crimen organizado.

Los hermanos también intentaron cubrir sus huellas al deshacerse de las escopetas en Mulholland Drive. Después de eso, fueron a ver Licencia para matar en un cine cercano en un intento de tener una coartada para la noche. La policía llegó a la mansión poco después de la llamada de Lyle al 911 a las 11:47 p.m.

En el tiempo previo a los asesinatos, el Sr. y la Sra. Menéndez actuaron de manera muy diferente el uno del otro. Mientras que José estaba tan relajado que con frecuencia dejaba la alarma apagada y la puerta abierta, se informó que Kitty estaba muy agitada e incluso paranoica.

. . .

Durante el juicio, se supo que Kitty temía que sus hijos fueran sociópatas y potencialmente peligrosos. Incluso guardaba un rifle por si acaso y siempre se aseguraba de cerrar con llave la puerta de su dormitorio por la noche.

La policía tuvo sus sospechas acerca de los hermanos Menéndez desde el principio, pero no tenían evidencia de su participación, y la poca evidencia que tenían apuntaba lejos de los hermanos, al menos inicialmente. Erik y Lyle actuaron sin escrúpulos en los meses posteriores a los asesinatos, viviendo en un lujo extravagante y pescando mucha atención con todo lo que gastaban. Además de hacer viajes al extranjero y pagar por un entrenamiento de tenis de primer nivel, los hermanos también compraron relojes caros, autos e incluso negocios completos. Mientras tanto, ambos hermanos vivían en penthouses separados y caros.

Como declararon los fiscales durante el juicio, Erik y Lyle habían gastado alrededor de un millón de dólares en los seis meses posteriores al asesinato de sus padres.

. . .

Los hermanos solo fueron capturados después de que Erik le contó a su psiquiatra sobre los asesinatos, y esto solo sucedió después de que Lyle amenazó al psiquiatra, dándole una forma de eludir el privilegio médico-paciente y obligándolo a buscar la ayuda de la policía. Los hermanos fueron finalmente arrestados en marzo de 1990 y luego se produjo uno de los juicios más controvertidos de los últimos tiempos.

Después de algunas demoras iniciales, los dos hermanos fueron acusados oficialmente por el gran jurado del condado de Los Ángeles en diciembre de 1992.

Durante el primer juicio, que tuvo dos jurados en desacuerdo, salieron a la luz algunas revelaciones impactantes, y resultó que la familia Menéndez tenía más esqueletos en su armario de lo que nadie imaginaba. Leslie Abramson, la principal abogada defensora de los dos hermanos Menéndez, basó su defensa en la revelación de que José Menéndez estuvo abusando mental, física y sexualmente de sus hijos durante toda su vida. Mientras que los fiscales creían que los niños estaban motivados únicamente por la codicia, la defensa alegó que mataron a sus padres para poner fin al abuso.

Estas revelaciones crearon mucha simpatía por Erik y Lyle, especialmente desde que un programa estaba transmitiendo el juicio en 1993. Millones de personas pudieron ver las emotivas confesiones de los hermanos Menéndez, que detallaban el abuso que habían sufrido, y era difícil discutir con su sinceridad. Muy pronto, los detalles sombríos de las indiscreciones pasadas de José comenzaron a desdibujar la línea entre el asesino y la víctima. Durante el segundo juicio, que fue menos público por orden del juez Stanley Weisberg, la acusación finalmente tuvo éxito. Después de mucha controversia a nivel nacional, los hermanos Menéndez fueron sentenciados en julio de 1996 a cadena perpetua sin posibilidad de libertad condicional. La Corte de Apelaciones de California confirmó la sentencia en febrero de 1998 y la Corte Suprema de California en mayo del mismo año.

4

Simone Lannert

EL CASO de Simone Ann Lannert y el asesinato que había cometido en 1990 es una historia que tomó una forma completamente nueva bastante tiempo después de que todos pensaran que ya había terminado. Simone mató a su padre, Tom Lannert, cuando ella era apenas una adolescente y pagaría un alto precio por su crimen. La naturaleza premeditada del acto a sangre fría se reflejó muy duramente en la sentencia de Simone. Pero otros hechos tal vez no reflejaron lo suficiente, aunque deberían haberlo hecho.

La historia de Simone eventualmente se convertiría en un ejemplo de una mujer joven que decidió tomar una posición contra su abusador, aunque eso significaba hacer lo impensable. La severidad de la sentencia de

Simone probablemente se debió al argumento exitoso de la fiscalía de que el motivo era el dinero, pero, con el tiempo, las opiniones cambiaron.

Desde cierta perspectiva, esta es en parte una historia sobre la injusticia, aunque el epílogo inesperado logró tal vez corregir algunos errores. También es un testimonio de que, incluso después de los momentos más duros y trágicos, la vida puede reutilizarse y hacer que vuelva a tener sentido.

Simone eventualmente encontró una manera de hacer esto ayudando a otros y ayudándose a sí misma a sanar y alcanzar la redención.

Víctima convertida en asesina

Simone Lannert le disparó dos veces a su padre el 4 de julio de 1990 en St. John, Missouri. Recordó que su primera infancia, antes de cumplir los ocho años, fue relativamente normal y que veía a su padre como un héroe como cualquier otro niño. Nació en St. Louis en 1972 y habló de cómo ella y su padre tuvieron una relación cercana en los primeros años de su vida. Simone dijo que la relación la hacía sentir especial y feliz, pero el alcohol siempre fue un problema presente y, con los años, solo empeoró.

Las cosas empeoraron cuando los padres de Simone, Tom y Deborah Lannert, se divorciaron y Deb se mudó a Guam.

Sin embargo, Tom comenzó a beber mucho antes, y Simone y su hermana menor, Christy, pudieron verlo pasar gradualmente de padre y esposo a un monstruo.

El primer encuentro de Simone con el abuso fue cuando notó que su padre era físicamente abusivo con Christy mientras sus padres aún estaban casados, pero ella se salvó de este tipo de trato durante un tiempo.

Sin embargo, esto no duró mucho, y Tom finalmente comenzó a concentrarse en Simone después de que ella cumpliera ocho años. El abuso pronto comenzó a tomar también una forma sexual, y la vida de Simone sería una pesadilla sin fin a partir de ese momento.

Tom infundió miedo en sus hijas a través del abuso, pero también las amenazó explícitamente para que se callaran. Las chicas mantuvieron silencio durante muchos años, pero a menudo se veían signos de abuso. Simone tenía nueve años la primera vez que su padre la violó. Con el tiempo, intentó decirle a su madre e incluso a su niñera que la estaban violando, pero una combinación de miedo y falta de vocabulario y comprensión para explicar lo que estaba pasando en esos intentos.

La madre de Simone, Deborah, también tenía mucha experiencia con el abuso, tanto físico como sexual. Era la mayor de cinco hermanos y ya a los once años su padre empezó a abusar de ella.

Otros miembros de la familia de Deborah sufrieron abusos o fueron ellos mismos abusadores. Deborah tenía solo dieciocho años cuando conoció a Tom Lannert y los dos se casaron después de solo tres meses de noviazgo. La pareja Lannert y sus hijas eran generalmente una familia normal de clase media y se mudaron varias veces, como en 1979 cuando se mudaron a Alhambra, Illinois. Los vecinos que más tarde testificaron generalmente describieron a los Lannert como una familia tranquila que en su mayoría se mantenía apartada.

. . .

Mientras abusaba sexualmente de sus hijas, Tom no solo las amenazaba sino que también las manipulaba. Hubo un tiempo en que Simone creía que el abuso sexual de su padre hacia ella era normal o incluso una señal de preferencia. Le tomó un tiempo darse cuenta de que algo estaba fundamentalmente mal en su relación con su padre, y la comprensión final ocurrió en octavo grado. Después de ese punto, Simone hizo todo lo posible para evitar a su padre, aunque esto casi nunca funcionó y, a veces, solo hizo que su padre se enojara más y fuera más abusivo, especialmente cuando estaba borracho. Cada vez que Simone intentaba resistirse o reaccionaba de forma negativa, Tom empeoraba.

Eventualmente, Simone se sintió abrumada por la culpa, la vergüenza y otros sentimientos de autodesprecio que a menudo acompañan al abuso sexual.

Con el tiempo, las personas que rodeaban a Simone, incluida su madre, comenzaron a sospechar que algo estaba pasando, especialmente cuando veían pistas físicas, pero nadie nunca hizo nada al respecto. Las pistas visibles no fueron suficientes para probar el abuso de Deborah más allá de una duda razonable, a pesar de toda la experiencia personal que tuvo con el abuso.

Simone tenía trece años cuando su madre se fue y se volvió a casar, dejando a sus hijos completamente al cuidado de Tom. Más tarde, después de que se desarrolló toda la prueba, Deborah expresó su pesar y afirmó que nunca esperó que sucediera algo trágico, creyendo firmemente que Tom amaba a sus hijas y que las protegería, no las lastimaría. Si bien Tom ya había abusado de sus hijas, el tormento empeoró significativamente después del divorcio, al igual que su forma de beber.

Después de años de intenso abuso, Simone se mudó en su último año de secundaria y se instaló con su mamá y su padrastro en Guam. Desafortunadamente, Christy, que tenía once años en ese momento, se quedó atrás con su padre abusivo. Tom probablemente no abusó sexualmente de Christy, pero siempre fue violento con ella. En el tiempo posterior a la partida de Simone, Christy alternaba entre vivir con su padre y sus parientes y, ocasionalmente, pasar tiempo con su madre en Guam. Con el tiempo, Christy quería que Simone regresara a casa y ella le dijo que estaba siendo abusada.

Simone no podía soportar la idea de dejar a su hermana sola con el monstruo en el que se había convertido Tom por más tiempo, por lo que finalmente regresó.

Tom no tardó mucho en volver a sus viejos hábitos y comenzó a acosar sexualmente a Simone nuevamente.

Ahora mayor y habiendo probado la libertad lejos de su padre, Simone estaba cada vez menos dispuesta a soportar el tormento de Tom por más tiempo. Su dolor se convirtió lentamente en ira, y la ira dio paso al odio. Comenzó a surgir una voluntad de resistir y recuperar el control, que eventualmente evolucionó hacia fantasías de acción violenta.

A su debido tiempo, Simone perdió toda inhibición en su deseo de ver partir a su padre. Ella quería que él se fuera y, en poco tiempo, se dio cuenta de que eso significaba que tendría que tomar medidas drásticas.

. . .

Simone comenzó a obsesionarse con la idea de matar a Tom. Inicialmente, esto era solo una fantasía que ocasionalmente compartía con sus amigos, diciendo que le gustaría matar a su padre o que alguien más lo hiciera por ella.

Pensó en contratar a un asesino para hacer esto, pero necesitaría dinero para eso.

Simone y Christy iban a heredar dinero de Tom, por lo que esta fue una combinación en la que Simone ciertamente pensó. Eso significaba que podía pagar el contrato de asesinato y asegurarse a sí misma y a su hermana para el futuro. Este plan parecía muy atractivo, pero eventualmente le costaría muy caro a Simone durante el juicio.

Crimen y castigo

La noche en que Simone mató a su padre, ella y su hermana se alojaban en una habitación de hotel. Sin embargo, tenían un cachorro que dejaron en casa y Simone estaba preocupada por la seguridad de la mascota mientras estaba a solas con Tom. Las hermanas regresaron a casa poco después de las 4 a.m.

para tratar de recuperar al perro. Cuando llegaron, Simone se coló en la casa a través de una ventana abierta del sótano y se deslizó lentamente hacia la casa.

Una vez que Simone entró al sótano, vio el rifle de su padre.

Al mirar el arma, Simone comenzó a pensar. De repente, se sintió abrumada por las ideas que se habían estado gestando en su mente durante algún tiempo. En ese momento, supo que esta era la noche en que mataría. Se armó y subió las escaleras, donde vio a su padre durmiendo en el sofá. Simone levantó su rifle y le disparó a Tom cerca del hombro, rompiéndole la clavícula con la bala inicial. Despertándose en total conmoción y terror, Tom no se dio cuenta de lo que estaba sucediendo y ni siquiera pudo darse cuenta de que le habían disparado.

En una extraña secuencia, Tom le dice a Simone que llame a la policía. Ella también estaba en estado de shock y comenzó a obedecer automáticamente, comenzando a buscar un teléfono. Mientras buscaba el teléfono, comenzó a pensar de nuevo y se recordó a sí misma que Tom merecía morir. Luego regresó a la sala de estar y le disparó a su padre en la cabeza mientras estaba acostado en el sofá, esta vez matándolo instantáneamente.

El día después del asesinato, Simone no estaba segura de lo que debía hacer y le confió a un amigo los detalles de su crimen. El amigo simpatizaba con ella y la ayudó a ocultar la evidencia en lugar de denunciar a la policía. Se deshicieron del arma homicida y, algún tiempo después, Simone llamó a la policía para informar que había encontrado a su padre asesinado en su casa. Sin embargo, Simone no mantuvo la historia por mucho tiempo y finalmente decidió confesarle al teniente Tom Schulte, diciéndole que había asesinado a su padre después de soportar una vida de abuso y violación.

Simone podía heredar una propiedad de alrededor de $100,000. Había planeado usar esto para que ella y Christy se encaminaran hacia un futuro feliz.

Después de la confesión, este sueño terminó, al menos para Simone. Después de su arresto, fue acusada de asesinato en primer grado, y la fiscalía inmediatamente se puso a trabajar, construyendo un caso de que

Simone había asesinado a su padre a sangre fría únicamente por el dinero.

El abogado de Simone inicialmente quería basar la defensa en la locura, utilizando el síndrome de la mujer maltratada, teniendo en cuenta la vida de abuso que Simone había soportado. El tribunal limitó parcialmente este enfoque, permitiendo que la defensa intentara probar la legítima defensa. Esto, por supuesto, fue muy problemático ya que Simone no estaba en peligro en el momento del asesinato y, de hecho, su padre estaba durmiendo cuando ella lo atacó.

Este fue el testimonio de la propia Simone, por lo que el tribunal finalmente desestimó el reclamo de defensa propia.

Aparte de los breves intentos de deshacerse de algunas pruebas el día después del asesinato, Simone nunca hizo ningún esfuerzo real para engañar al tribunal ni a nadie más. Inmediatamente después del arresto, contó toda la historia tal y como fue, incluidas sus experiencias de abuso.

· · ·

Sin embargo, desde el principio, sus denuncias de abuso recibieron muy poca atención y la policía asumió de inmediato que el único motivo de Simone era el dinero.

Los investigadores notaron que Simone había estado usando las tarjetas de crédito de su padre y girando cheques en su cuenta. También descubrieron lo que llamaron evidencia de intentos de contratar a un asesino para deshacerse de Tom.

Se tuvieron en cuenta los testimonios incriminatorios en ese sentido, y la policía no tuvo reparos en acusar a Simone de asesinato en primer grado. Uno de esos contactos que los investigadores identificaron fue Ronald Barnett, a quien los fiscales nombraron como un posible asesino que Simone intentó contratar. Según el fiscal, incluso le dio a Ronald un arma de fuego para el trabajo, que luego vendió. La investigación también implicó a Christy en esta conspiración, acusándola de conspiración para cometer asesinato en primer grado. Eventualmente sería sentenciada a cinco años de prisión después de declararse culpable de este cargo.

Cuando Simone testificó durante su juicio, explicó su deliberación interna sobre si debería dispararle a su padre o no, lo que implica desgana. Su mayor temor, según explicó, era que su hermana tuviera que irse a través de la misma prueba que ella. La idea de que Christy tuviera que soportar el mismo abuso ayudó a Simone a decidirse y apretar el gatillo. Marilyn Anne Hutchinson, una psicóloga que testificó en defensa de Simone, argumentó que Simone sufría un trastorno disociativo en el momento de los asesinatos.

Hutchinson describió a Simone como una víctima de abuso profundamente traumatizada y aterrorizada a quien su familia, el sistema escolar y todos los demás fallaron. Lo que también ayudó al caso de Simone fue el hecho de que había intentado contarle a su niñera, a su madre y a otras personas sobre el abuso continuo. El abogado de Simone.

Chris McGraugh describió la falta de reacción de todas estas personas como una "conspiración de silencio". Al final, ni los argumentos de defensa propia ni los de locura funcionaron y fueron desestimados por el juez. El jurado encontró a Simone culpable de asesinato en primer grado y fue sentenciada a cadena perpetua sin posibilidad de libertad condicional.

· · ·

Una segunda vida

Aunque el jurado encontró a Simone culpable de asesinato en primer grado, algunos de sus miembros se sorprendieron y horrorizaron de que se ignoraran los detalles y los hechos del abuso sexual y físico prolongado de Simone. Muchas personas se sorprendieron por lo dura que fue la sentencia de Simone, incluso entre aquellos que creían que ella mató a Tom por el dinero. Creían que incluso si este fuera el caso, la historia de abuso debe haber jugado un papel en llevar la relación a un punto en el que era posible que Simone estuviera en el estado mental necesario para matar a su padre.

Simone y sus abogados presentaron múltiples apelaciones a lo largo de los años, pero sin éxito. En la Corte de Apelaciones de Missouri, por ejemplo, el juez apoyó al juez de primera instancia. En la Corte de Apelaciones del Octavo Circuito de EE. UU., la apelación de Simone fue desestimada, pero la declaración de la corte mostró comprensión por su caso. En él, el tribunal describió como preocupante que el jurado original no estuviera completamente informado sobre el verdadero alcance del abuso que Simone había sufrido en la infancia. Además, el estatuto de autodefensa de Missouri no establece un período de tiempo específico entre el ataque y la autodefensa. En términos simples, esto significaba que el reclamo de defensa propia de Simone bien podría haber funcionado si el jurado hubiera sido debidamente informado de los hechos de su abuso a manos de Tom. Como tal, incluso aunque el tribunal falló en contra de la apelación de Simone en 2003, lo hizo "de mala gana".

Después de que sus apelaciones fracasaron varias veces y en diferentes tribunales, Simone aún tenía pocas opciones abiertas para ella. Finalmente, recurrió a Matt Blunt, el gobernador de Missouri en ese momento, con la esperanza de que le conmutaran la sentencia al menos a cadena perpetua con la posibilidad de libertad condicional después de cumplir quince años. Esto fue en un punto en el que Simone ya había cumplido dieciocho años de su condena.

En el mejor de los casos, Simone esperaba un perdón.

La gran oportunidad de Simone llegó en 2009 cuando el gobernador Matt Blunt estaba a punto de salir.

Como uno de sus actos finales, anunció que conmutaba la pena de Simone Lannert tras haber realizado una "revisión exhaustiva" de todos los hechos de su caso. El gobernador Blunt hizo lo mismo con otra mujer, Charity Carey, que se encontraba en una situación similar. Blunt señaló que estas mujeres simplemente tomaron medidas contra los hombres que las violaron y abusaron de ellas horriblemente durante años. Simone era elegible para la liberación en base al tiempo ya cumplido, y pronto obtuvo su libertad el 16 de enero de 2009.

Bob McCulloch, el fiscal del condado de St. Louis, nunca cambió de opinión sobre el caso. Después de su liberación, dijo que el ex gobernador Blunt debería avergonzarse de sí mismo y que Simone Lannert no era más que una manipuladora y una mentirosa que asesinó a su padre únicamente por la herencia. Cuestionó su historia de abuso y dijo que debería haber pasado el resto de sus días en prisión. McCulloch reconoció que Tom era un mal padre y un borracho, pero creía que no había pruebas de que violara a su hija.

McCulloch incluso comentó que si Simone realmente hubiera sido violada, habría intentado escapar de casa, lo que, en realidad, hizo cuando se mudó a Guam e intentó que su hermana se uniera a ella.

Más tarde, Simone expresó su pesar por haber matado a su padre antes de que tuviera la oportunidad de arrepentirse y cambiar su forma de actuar. Sin embargo, siempre reiteró que su principal deseo era que Tom la dejara en paz y se asegurara de que nada le pasara a su hermana. . En ese momento, el asesinato era la única forma que vio de hacer esto. Más allá de su delito de parricidio, nunca se supo que Simone fuera problemática o violenta, lo que también había demostrado en prisión a través de su buen comportamiento.

En prisión, Simone comenzó a participar activamente en varios proyectos para ayudar a las víctimas de incesto y todo tipo de abusos a recuperar sus vidas. Ella ha continuado en este camino desde que fue liberada, y algo más. Simone luego fundó Healing Sister, una organización sin fines de lucro que ayuda a las mujeres que han sobrevivido a experiencias similares a las que ella tuvo que soportar. Desde entonces, Simone obtuvo títulos en psicología y derecho, los cuales la han ayudado a mejorar enormemente su trabajo en este campo.

5

Eddie Tseng

En otro impactante episodio matricida, Eddie Tseng, de 16 años, perturbó profundamente a su comunidad pacífica de Overland Park, Kansas, cuando apuñaló a su madre hasta la muerte en 2005. Eddie era una estudiante de honor y se encontraba entre las mejores pianistas clásicas del estado. Eddie, una niña modelo, trabajó duro y la presionaron mucho, tal vez demasiado como resultaron las cosas.

La madre de Eddie, Shu Yi Zhang, de 55 años, al igual que su esposo, Tao Tseng, era una madre estricta que exigía mucho de su hijo. No se esperaba que Eddie se desempeñará bien o excelentemente, se esperaba que se desempeñara impecablemente. Las demandas de la madre de Eddie y sus métodos para garantizar que se cumplieran esas demandas a menudo se desviaban hacia la crueldad.

Cuando Eddie no cumpliera con los criterios, estaría sujeta a varios castigos que podrían clasificarse fácilmente como abuso. Obtener un 96% en un examen fue considerado un fracaso total por Shu Yi, y resultaría en castigo, humillación y tormento emocional sin fin.

En la superficie, el niño modelo era la imagen del éxito. Lo que el mundo exterior no vio fue el precio de ese éxito. Las expectativas extraordinariamente altas de sus padres afectaron enormemente la salud mental de Eddie y su estado se deterioró gradualmente. Todo esto culminaría en un altercado severo que se convirtió en un crescendo sangriento cuando Eddie le dio un cuchillo a su madre.

La vida de Eddie

"He estado tratando de hacerlos sonreír, hacerlos sentir mejor, sacar a Eddie de su lista de preocupaciones e inquietudes". Estas fueron algunas de las últimas palabras que Eddie escribió sobre sus padres en un diario en línea que mantuvo durante los meses. que condujo a la tragedia del 19 de agosto de 2005. Esa última entrada se hizo unos diez días antes de que Eddie apuñalara a su madre hasta la muerte.

Uno de los padres de la comunidad local, Jacob Horwitz, testificó cuán conmocionados estaban sus hijos por la revelación.

Sus hijos conocían a Eddie y fueron al campamento de verano con ella, momento en el que era una niña de la que cualquier padre se habría sentido orgulloso, como Horwitz lo puso. Los hijos de Jacob le dijeron que simplemente no podían creer las noticias mientras las miraban, diciendo que Eddie había sido arrestada en relación con el brutal asesinato de su madre. La describieron como muy agradable y fácil de tratar. Nunca se sabía que Eddie se metiera en problemas, y los padres de otros niños siempre se alegraban de saber que sus hijos tenían esa compañía, incluido Horwitz.

Más tarde, Jacob describió cómo se conectó a Internet poco después de escuchar la noticia del asesinato, con la esperanza de obtener más información sobre el caso. Fue entonces cuando encontró uno de los blogs en línea de Eddie que ella usaba como diario. Le tomó varias horas leer todos sus escritos y se enteró de que Eddie había sido una niña profundamente problemática durante bastante tiempo.

Se quejó de varios temas, pero el problema central parecía ser los padres de Eddie y sus estándares insoportablemente altos y estrictos. Los padres de Eddie, que eran inmigrantes chinos, consideraban que era una cuestión de honor crucial asegurarse de que su hija fuera la mejor en todas sus actividades académicas.

A Eddie le encantaba tocar el piano y tenía un talento increíble, pero sus padres incluso usaban eso para amenazarla y aterrorizarla. Perder en concursos estatales, por ejemplo, podría haber resultado en la venta de su piano, lo cual era una amenaza que pesaba mucho en la mente de Eddie. Los padres de Eddie no la castigarían ni le quitarían cosas. A veces, cuando se desempeñaba por debajo de los estándares que habían establecido para ella, los padres de Eddie la hacían permanecer desnuda en un rincón durante períodos prolongados.

. . .

Todo este dolor y sufrimiento era invisible para la mayoría del mundo exterior, razón por la cual el asesinato de Shu Yi Zhang fue tan impactante para toda la comunidad. Los amigos de Zhang, por ejemplo, no tenían mucho que hacer aparte de chismes y artículos de noticias. Ninguno de ellos pudo entender lo que sucedió, ya que sabían que Eddie era una niña dorada y que Zhang era una mujer normal y responsable. Way, uno de los amigos y colegas de Zhang, notó cómo Zhang parecía feliz antes de su muerte, sin dar indicios de que algo anduviera mal. Por supuesto, también señaló que era un aspecto de la cultura china ocultar las dificultades familiares a la vista del público, por lo que, aunque la relación entre Zhang y su hija podría haberse deteriorado, habría sido difícil saberlo para un extraño.

Yalu Pao, madre de tres hijos de la misma comunidad, comentó más tarde cómo la división cultural chino-estadounidense a veces puede dificultar que los padres chinos críen a sus hijos en Estados Unidos. Como explicó, los padres inmigrantes chinos a menudo tienen problemas con sus hijos nacidos en Estados Unidos porque la cultura y las tradiciones chinas giran mucho en torno a la disciplina que se espera de los niños. La cultura estadounidense es mucho más abierta, y la sociedad les otorga a los niños mucha más libertad de lo que es normal en China.

Más allá de sus quejas ocasionales, que ahora parecen mucho más siniestras después del hecho, gran parte del diario en línea de Eddie era normal para una adolescente, aunque gradualmente se oscureció. Mucho de esto tenía que ver con la música, la socialización y otras cosas que les interesan a los niños de su edad. Con el tiempo, comenzó a hablar cada vez más sobre cosas como la enfermedad mental y la tristeza. Eddie expresó sus sospechas de que podría haber algún problema con su salud mental, pero también explicó que evitaba buscar ayuda porque tenía miedo de lo que podría aprender sobre sí misma. También comenzó a escribir cada vez más sobre temas existenciales, la falta de sentido que había percibido en la vida y sus sentimientos de desesperanza.

Ya a principios de 2004, un año y medio antes del asesinato de Zhang, Eddie escribió sobre el deterioro de su salud mental con más detalle que nunca. Se quejó de que deseaba que alguien la ayudara a "callar" su cerebro y los pensamientos recurrentes y problemáticos que no la dejaban en paz.

No solo eso, sino que también tenía problemas para dormir, lo que empeoró mucho las cosas. Después de un tiempo, Eddie escribía que se sentía como si se hubiera vuelto una extraña para sí misma.

Uno de los incidentes que casi llevó a Eddie al límite la primera vez fue cuando sus padres la amenazaron con mudarse porque tenía tres B en una boleta de calificaciones. Eddie era muy sociable y tenía muchos amigos, algunos de los cuales eran muy cercanos, y esta amenaza la enfureció infinitamente. A la luz de estas amenazas, Eddie escribió en uno de sus diarios que tenía miedo de lo que "podría recurrir". Hablando de sus padres, escribió que la estaban obligando a "volverse indiferente a la conciencia".

El descenso

El barrio donde vivía Eddie era tranquilo y idílicamente suburbano estadounidense. Si bien los problemas que Eddie estaba teniendo en casa permanecieron en su mayoría ocultos al mundo exterior, aparecían pequeños indicios aquí y allá, como lo describieron más tarde los amigos y conocidos de Eddie.

Estas pistas, sin embargo, a menudo podrían interpretarse como relativamente normales o simplemente extravagantes en el peor de los casos, y no testifican realmente sobre el abuso límite por el que estaba pasando Eddie.

Por ejemplo, los amigos de Eddie recuerdan que su familia la protegía mucho, lo que generalmente se atribuía a que era hija única.

Sin embargo, esta protección ocasionalmente se desvió hacia un territorio peculiar. Por ejemplo, cuando Eddie quería visitar a un nuevo amigo en su casa, su padre iba allí primero para asegurarse de que la familia no tuviera mascotas peligrosas. Los amigos de Eddie también testificaron que sus padres tenían una forma de culparla por sus problemas en la vida. Su madre la culpó por haber sido despedida de un trabajo anterior, aunque Eddie no tuvo nada que ver con eso. Otra de sus amigas, Katie, describió cómo la mamá de Eddie a veces dejaba notas maliciosas escritas a mano en su computadora, llamándola perezosa, decepcionada y diciéndole que estaba avergonzada de tenerla como hija.

· · ·

Mientras que otras niñas o incluso niños podrían llorar al escuchar esas palabras de sus padres, especialmente durante los sensibles años de la adolescencia, Eddie reaccionó de manera muy diferente. De hecho, apenas reaccionó, excepto cuando corregía los errores gramaticales y ortográficos de las notas antes de devolvérselas a su madre, tal vez como un acto de venganza menor.

El padre de Eddie también tuvo momentos en los que menospreciaba a su hija.

Eddie escribió sobre uno de esos casos en la víspera de Navidad de 2003, cuando recibió su único regalo de Navidad de los vecinos que se detuvieron para dárselo. Durante su breve visita, los vecinos comentaron sobre las medallas de Eddie, que había ganado en competencias de matemáticas, diciendo que era un genio. Al escuchar esto, la primera respuesta del padre de Eddie fue: "Definitivamente no".

Las cosas culminaron en ese fatídico día de agosto de 2005 cuando algo probablemente se rompió en la mente de Eddie. La policía creía que el altercado, probablemente el más reciente de muchos incidentes de este tipo, condujo a una lucha física que se prolongó por toda la casa, en varias habitaciones. Un cuchillo eventualmente encontró su camino en la pelea y, al final de la terrible experiencia, Shu Yi Zhang yacía muerto en un charco de sangre, apuñalado y asesinado a machetazos con un cuchillo de carnicero. No muchos otros detalles del asesinato real se harían públicos.

Jacob Horwitz teorizó que el conflicto comenzó y se volvió físico, muy probablemente en la cocina, dado que Eddie terminó usando un cuchillo de cocina como arma homicida.

A pesar de expresar una ira considerable en sus diarios en línea, Eddie no tenía antecedentes de violencia física, por lo que lo que sucedió durante la pelea debe haber sido extraordinariamente perturbador.

Era eso o Eddie simplemente había llegado a un punto de ruptura en el que la gota que colmó el vaso ni siquiera tenía que ser particularmente pesada. Lo que sea que los investigadores encontraron en la escena del crimen fue lo suficientemente espantoso como para motivar al fiscal de distrito a pedir que Eddie fuera juzgada como adulta.

· · ·

En algún momento antes del asesinato, a fines de julio de 2005, Eddie tuvo un pequeño encontronazo con la policía.

Ella había visitado el Templo local B'nai Jehudah, donde solo había visitado una vez antes en su vida. Eddie llegó alrededor de las 6 p.m. mientras el rabino Neal Schuster comenzaba su servicio de puesta del sol con una congregación. Schuster describió más tarde cómo, aunque nunca antes había visto a Eddie, se dio cuenta de que algo andaba muy mal con ella. Esto fue incluso antes de que comenzara a apagar las velas del rabino en medio de su servicio.

Schuster le preguntó si necesitaba hablar con alguien, a lo que ella dijo que sí y luego la escoltaron fuera.

Eddie le dijo al rabino ya un par de miembros más de la congregación que había decidido huir de casa. Por extraño que parezca, Eddie también les dijo que estaba escuchando voces en su cabeza, que le decían que apagara las velas del rabino.

Como Eddie era menor de edad, pronto llamaron a

la policía y enviaron una patrulla para llevar a Eddie a casa.

La persona que respondió fue la oficial Catherine Kamler de la Unidad Juvenil del Departamento de Policía de Overland Park. La oficial Catherine estaba haciendo su trabajo de acuerdo con el procedimiento de los libros de texto cuando llevó a Eddie a casa. Ni en sus sueños más locos podía anticipar que Eddie sería arrestada en esa misma casa al mes siguiente por el asesinato de su propia madre.

No pasó mucho tiempo después de su arresto y el comienzo del proceso legal que Eddie comenzó a atraer mucha simpatía. Padres pero también otros niños de la comunidad local y más allá comenzaron a mostrar mucho interés en su caso, firmaron peticiones y enviaron cartas de apoyo a Eddie. Incluso comenzaron a aparecer sitios web dedicados a apoyar a Eddie, como el sitio web creado por Jacob Horwitz. Muchas de estas personas asistirían a las audiencias de Eddie y otros procedimientos judiciales, brindándole mucho más apoyo del que recibió de su padre.

. . .

Procedimientos y Controversias

El problema más inmediato con el juicio fue si Eddie sería juzgada como adulta. Su padre, Tao, fue notablemente lento en reaccionar y tratar de ayudar a su hija menor de edad. En lugar de reaccionar de inmediato, esperó unos dos meses antes de emitir un comunicado en el que pedía que fuera juzgada como menor de edad. No fue a la primera audiencia de Eddie y solo comenzó a frecuentar las sesiones de su juicio después de esa primera audiencia. Amigos de la familia dijeron más tarde que lo primero que hizo Tao después de que arrestaron a su hija por el asesinato de su esposa fue vender el piano de Eddie.

Al final, el fiscal de distrito del condado de Johnson, Peter Morrison, logró que Eddie Tseng fuera juzgada como adulto. En general, Eddie estaba tan serena y aparentemente indiferente como siempre. Se declaró culpable de homicidio voluntario cn marzo de 2006, poco antes de cumplir 17 años. Al principio, se llegó a un acuerdo entre la acusación y la defensa para obtener una sentencia de 100 meses, lo que equivale a menos de nueve años. Esto iba a ser solo una recomendación hecha al juez, dejando la decisión final a la discreción del juez.

Una vez que quedó claro que Eddie sería juzgada como adulta, era probable que cumpliera cualquier sentencia en el Centro Correccional para Mujeres de Topeka, una prisión normal para adultos. La defensa, así como los partidarios de Eddie, argumentaron que ponerla en prisión junto con convictos adultos era peligroso ya que era una menor y solo una adolescente sin antecedentes de violencia.

El fiscal de distrito creía lo contrario, señalando que la naturaleza de su atroz crimen era lo suficientemente espantosa como para demostrar que Eddie era más que capaz de ejercer la violencia y, por lo tanto, era más probable que fuera una amenaza para los demás que una víctima.

Morrison reconoció el trato cruel que Eddie había sufrido a manos de su madre, así como su juventud, pero enfatizó que "hackear a alguien hasta morir con un cuchillo de carnicero es lo más grave posible". En su opinión, los problemas que tenía con sus padres no eran lo suficientemente cerca como para excusar sus acciones. El temor del fiscal era que si ella terminaba en el sistema correccional de menores, Eddie podría haber sido liberada en cuestión de meses. Él y otros sintieron que esto habría sido injusto dada la gravedad de su crimen a pesar de las circunstancias atenuantes.

Sin embargo, muchos de los activistas y organizaciones que se ocupan de los derechos humanos no estaban de acuerdo.

Según Alice Parker, investigadora principal de la sucursal estadounidense de Human Rights Watch en Nueva York, tratar a Eddie como un adulto en primer lugar fue muy problemático. Parker argumentó que esto no debería determinarse en función de la gravedad del delito, ya que incluso los niños pequeños a menudo pueden ser capaces de cometer un delito tan violento como un adulto.

Alice no se involucró demasiado en el caso particular de Eddie, pero lo señaló como otro más en una serie de ejemplos de un número creciente de menores que son tratados como adultos por el sistema de justicia de EE.

UU. En el momento del juicio en 2006, había unos 9.700 ciudadanos estadounidenses en prisión después de haber sido sentenciados como adultos por delitos que habían cometido cuando eran menores de edad.

Algunas de las mayores controversias giraron en torno a las cuestiones del motivo y si Eddie era realmente una mala persona o simplemente una buena niña que no podía soportar más el perfeccionismo abusivo de sus padres. La comunidad local y el público, en general, estaban tan involucrados en el caso que los empleados de la corte y los agentes de la Oficina del Sheriff del condado de Johnson tuvieron que sacar a la gente de la sala del tribunal. La gente estaba tratando de entrar y traer a sus amigos, tratando de sentarse en el regazo de los demás ya que no había espacio en la pequeña sala del tribunal del condado de Johnson.

Particularmente comprometidos estaban los amigos de Eddie de la Escuela Secundaria Blue Valley North. Eddie ciertamente mostró aprecio por este apoyo, sonriendo visiblemente a sus amigos que estaban fuera del juzgado.

. . .

Parecía disfrutar su tiempo en la sala del tribunal mucho más que en detención, gracias al apoyo que recibió.

Jacob Horowitz fue un partidario especialmente distinguido y visto por muchos como una especie de líder para los seguidores. Estaba fuertemente comprometido con la creencia de que estaba mal tratar a Eddie como un adulto, y él siguió intentando presentar una petición al tribunal en contra de esta decisión durante el mayor tiempo posible.

Estos esfuerzos fueron liderados por su organización utilizando una plataforma pública.

Horowitz no era del tipo activista antes del caso de Eddie, al igual que muchos otros simpatizantes que se sintieron conmovidos por su historia. Al final, los esfuerzos de los simpatizantes para lograr que el tribunal tratara a Eddie como menor no tuvieron éxito, pero el acuerdo entre la fiscalía y la defensa ayudó a mantener la sentencia final de Eddie dentro de límites razonables. Al final, fue declarada culpable de homicidio voluntario, no de asesinato, y cumplió una condena de ocho años y cuatro meses. Desde el 1 de octubre de 2012, Eddie Tseng es una mujer libre.

6

Sara María Johnson

Los ASESINATOS de Johnson ocurrieron en Idaho en 2003.

Dorothea y Alan Scott Johnson eran miembros destacados de su comunidad en la pequeña ciudad de Bellevue en Idaho. Disfrutaban de una sólida reputación en la comunidad y también eran una familia bastante exitosa que vivía en una hermosa casa en los suburbios. Alan era un hombre de negocios y propietario parcial de una empresa de jardinería muy próspera, mientras que Dorothea trabajaba en una empresa financiera. Los Johnson eran considerados una pareja feliz muy dedicada a sus dos hijos, un niño y una niña.

. . .

La pareja llevaba casada 20 años cuando fallecieron a manos de su hija, Sandy Marie Johnson. Sandy tenía dieciséis años cuando disparó a sus padres con un rifle de cerrojo de alta potencia el 2 de septiembre de 2003.

El tiroteo fue un asunto sangriento que produjo una escena del crimen bastante espantosa en el hogar y, inicialmente, Sandy parecía ser solo una víctima aterrorizada. El caso recibiría mucha atención con el tiempo, apareciendo en televisión y en películas en numerosas ocasiones. Con respecto al motivo y algunos otros aspectos, el crimen fue similar a los asesinatos de la familia Ronson.

Romance y obsesión

Los asesinatos de Johnson fueron otro ejemplo de parricidio resultante de la prohibición del amor. Sandy tenía dieciséis años y estaba saliendo con un chico de 19 años. Sus padres no lo aprobaban, no solo por su edad sino también por sus antecedentes y mala influencia. Cuando intentaron poner fin a esta relación, nadie tenía idea de que un brutal doble asesinato estaba a punto de ocurrir como resultado y destruir a toda una familia.

· · ·

El novio era un mexicano llamado Bruno Santos, inmigrante ilegal en Estados Unidos. Era un chico pobre de una familia pobre y finalmente abandonó la escuela secundaria. Con pocas perspectivas a partir de ese momento, Santos se involucró cada vez más en actividades ilegales y pasó la mayor parte de su tiempo en las calles, involucrado con narcóticos. No solo los padres de Sandy desaprobaron su relación con Santos, sino también su familia en general.

De hecho, Santos fue objeto de muchos debates y discusiones entre familiares y allegados. Los amigos de Sandy tampoco tenían muchas cosas positivas que decir sobre Santos. Syringa Stark, por ejemplo, era una de las amigas de Sandy, y luego testificó que siempre sintió que Sandy podía y debía hacerlo mucho mejor que Santos, y señaló que él era un traficante de drogas, mientras que Sandy provenía de una familia que era un pilar de su comunidad.

Una escalada significativa en todo este drama se produjo durante el fin de semana del Día del Trabajo de 2003, justo antes de los asesinatos. El sábado, los padres de Sandy se indignaron al saber que estaba durmiendo en casa de Bruno, y su padre fue allí a buscarla y llevarla a casa de inmediato. Hubo un breve altercado, y Alan le dijo a Santos que se mantuviera alejado de su hija, amenazándolo con la policía, amenazas que nunca podría cumplir.

Linda Vavold, la tía de Sandy, dio testimonios detallados sobre este día durante el posterior juicio por asesinato porque ella y su esposo, James, se estaban quedando con los Johnson ese fin de semana. James estuvo de acuerdo con Alan cuando descubrió que su hija había mentido sobre su paradero para quedarse con Santos. Después de la confrontación en el departamento de Santos, los Vavold se fueron para que los Johnson pudieran tratar de arreglar las cosas con su hija.

Regresaron poco después y encontraron que Sandy estaba muy enojada, constantemente hacía pucheros y se negaba a cooperar de ninguna manera. Mientras tanto, la familia trató de salvar lo que quedaba de sus planes para el fin de semana del Día del Trabajo.

Sandy dijo más tarde que pasó la mayor parte del tiempo de ese fin de semana en la casa de huéspedes, estudiando y haciendo la tarea, aunque los Vavold lo dudaron ya que nunca trajo ninguno de sus libros. Según los fiscales, fue entonces cuando Sandy urdió su plan infernal y premeditó el asesinato de sus padres. El arma homicida que usaría Sandy, que era un rifle Winchester Magnum .264, pertenecía a Melanie Speegle, la persona que alquilaba la casa de huéspedes que estaba ausente en ese momento.

Alan nunca pudo cumplir con sus amenazas de denunciar a Santos a la policía porque lo mataron junto con Dorothea el martes por la mañana. Esa mañana, la policía recibió una llamada de emergencia realizada por Sandy desde la casa de un vecino, diciendo que un ladrón acababa de dispararle a sus padres. Cuando los policías llegaron a la residencia de Johnson, encontraron una horrible escena del crimen. El alguacil del condado de Blaine, Walt Femling, dio un relato detallado de lo que él y sus ayudantes vieron. Recordaba mechones de cabello y mucha sangre en la alfombra, el techo y las paredes.

Una parte del casquete de Dorothea salió volando cuando le dispararon a quemarropa y terminó en el pasillo. El disparo destruyó por completo una parte significativa de su rostro.

. . .

Alan se estaba duchando en el momento en que Dorothea recibió un disparo en la cabeza mientras dormía, e inmediatamente salió del baño para investigar. Fue entonces cuando le dispararon en el pecho. Las huellas que quedaron en una mezcla de agua y sangre mostraron que Alan pudo dar unos pasos hacia la cama de Dorothea después de que le dispararon, pero finalmente colapsó y se desangró. La policía encontró a Dorothea en su cama empapada de sangre ya Alan muerto en el suelo no muy lejos de ella.

La policía aseguró la escena del crimen y acordonó el área alrededor de la casa para preservar cualquier evidencia que pudiera haber quedado afuera, particularmente la basura.

De hecho, un camión de basura ya había pasado por el vecindario, por lo que la policía tuvo que ponerse al día con la empresa de eliminación de residuos, lo que finalmente condujo al descubrimiento de evidencia clave.

. . .

Nadie sospechaba del asesinato de Sandy en este punto, mientras que algunas personas culpaban a Santos. Familiares y familiares pronto se enteraron de lo sucedido y acudieron a brindar su apoyo.

En lo que a todos concernía, inmediatamente después de los asesinatos, Sandy quedó huérfana debido a un atacante despiadado que irrumpió en su casa.

Investigación

Sandy no tardó mucho en comenzar a despertar sospechas con un comportamiento extraño y actitudes extrañas con respecto a todo el espantoso asunto. Algunas de las pruebas clave que encontraron los investigadores incluyeron una bata de baño ensangrentada, un guante de cuero en la mano izquierda y un guante de látex en la mano derecha.

Se descubrió que estos artículos contenían rastros de ADN, que la policía esperaba que pertenecieran a las víctimas y al perpetrador, muy probablemente Bruno Santos. Otro sospechoso fue el inquilino de la casa de huéspedes basado en el arma homicida, pero esto se descartó rápidamente porque tenía una coartada completa. Además, la investigación inicial de la escena del crimen. descubrió un rastro de sangre, trozos de tejido y fragmentos de huesos que iban desde el dormitorio donde la pareja fue asesinada, al otro lado del pasillo, y todo el camino hasta el dormitorio de Sandy. Los policías también encontraron el rifle en el dormitorio principal y dos cuchillos de carnicero en el borde de la cama de los Johnson. Para empeorar las cosas para Sandy, se encontraron municiones adicionales para el rifle Winchester en su dormitorio.

También problemático para el reclamo de intrusos de Sandy fue el hecho de que no había señales de entrada forzada a las instalaciones.

Tanto la policía como los familiares comenzaron a notar que Sandy estaba actuando de forma bastante extraña.

Especialmente notable fue su frialdad y una aparente falta de interés en nada de lo que estaba pasando. El sheriff Femling fue el primero en darse cuenta de esto y le dijo a su equipo de investigación que tomara nota del comportamiento de Sandy como posible pista. Encontró particularmente extraño cómo esta niña de

16 años no se escapó y se escondió o se encerró en su habitación en estado de shock.

En cambio, se sentó en la valla exterior y observó cómo la policía y los técnicos de emergencias médicas sacaban los cadáveres de sus padres en bolsas para cadáveres.

Los amigos de Sandy sintieron lo mismo por parte de ella, notando que su dolor no parecía genuino en absoluto. Por ejemplo, algunos de sus padres testificaron que era extraño cómo Sandy se enfocaba en cosas como citas con sus estilistas de uñas y cabello en lugar de llorar. Una amiga de Sandy llamada Change Caudle recordó el momento exacto en que se dio cuenta de que Sandy había matado a sus padres.

Sandy se le acercó durante la práctica de voleibol y le dijo que le dijera a Santos que lo amaba sin importar lo que sucediera en el futuro.

La policía empezó a sospechar más a medida que interrogaba a un número creciente de familiares y amigos.

. . .

Una vez que se enteraron de los altercados que involucraban a Santos y la tensa relación entre Sandy y sus padres, tomaron muestras de su ADN y sus huellas dactilares. Durante la primera ronda de interrogatorios de Sandy, les dijo a los investigadores que se despertó alrededor de las 6:15 de la mañana y escuchó que uno de sus padres se estaba duchando. Mientras estaba acostada en la cama, escuchó disparos y saltó para correr a la habitación de sus padres. Vio que su puerta estaba cerrada y trató de tocar y llamar a su madre. Después de no recibir respuesta, alegó, una ominosa sensación de miedo se apoderó de ella y se escapó para pedir ayuda, gritando mientras salía de su casa.

Sin embargo, esta historia cambió pronto, y no sería la última vez. Cuanto más hablaba Sandy con la policía, más empezaron a surgir contradicciones. A menudo se contradecía con respecto a la puerta del dormitorio de sus padres, que a veces decía que estaba abierta, mientras que otras veces estaba cerrada. También confundió su propia puerta con la de sus padres en numerosas ocasiones.

Sin embargo, la policía tenía evidencia física e indicó que ambas puertas estaban abiertas en el momento de los asesinatos.

Cuando los policías le preguntaron sobre la bata rosa que encontraron en la basura, la respuesta inmediata de Sandy fue una negación de culpa extraña y no provocada, en la que simplemente dijo que no mató a sus padres. Admitió que la bata le pertenecía, pero dijo que no tenía idea de cómo terminó afuera o quién la tiró a la basura. Una de sus teorías era que una criada despedida recientemente después de que la sorprendieran robando en la casa había perpetrado el crimen.

La ruptura del caso se produjo cuando la policía recibió los resultados del análisis de ADN de las muestras recuperadas de la bata y los guantes. Como era de esperar, la sangre en la túnica de Sandy pertenecía a Dorothea, y otros rastros de ADN en ella eran de Sandy. Peor aún para Sandy, el guante de cuero que encontraron los policías contenía residuos de pólvora en el exterior y el ADN de Sandy en el interior.

Finalmente, los calcetines que Sandy usó la mañana del 2 de septiembre tenían rastros de sangre de Dorothea.

El 29 de octubre de 2003, Sandy fue detenida y acusada de dos cargos de asesinato en primer grado.

Resultado legal

Durante todo el calvario, el hermano mayor de Sandy, Matt, estaba en la universidad. Después de la turbulencia que ocurrió durante el fin de semana del Día del Trabajo, tanto Dorothea como Alan llamaron a Matt para contarle lo que había sucedido. Dorothea se quejó con Matt sobre su hermana, diciéndole lo decepcionada que estaba y la tensión que había tenido en la familia su relación con Bruno. Esto fue la noche anterior a los asesinatos, y Matt testificó más tarde que su madre lloró durante la llamada.

Matt también habló con Sandy, quien parecía indiferente a que la castigaran y le dijo a Matt de manera un tanto inquietante que sabía lo que sus padres estaban haciendo.

Esto era diferente a Sandy, quien por lo general reaccionaría fuertemente al ser castigada. Matt dijo más tarde que incluso pensó en devolverle la llamada a su madre, pero ya era tarde, así que cambió de opinión. Nunca más tendría la oportunidad de hablar con sus padres.

En el juicio, la fiscalía tuvo que basarse en gran medida en las pruebas que la policía encontró en la basura. Sin embargo, hubo problemas con los artículos. Con respecto a la túnica, por ejemplo, mucha de la sangre que tenía en realidad estaba en la espalda, lo cual era difícil de explicar. Parte de la sangre también se empapó en la manga izquierda. El abogado defensor de Sandy, Bob Pangburn, era muy consciente de este agujero en el caso de la fiscalía y tenía la intención de aprovecharlo. Dio a entender que la presencia de la sangre en la parte posterior de la túnica que supuestamente llevaba Sandy mientras cometía los asesinatos indicaba que la evidencia podría haberse contaminado en el curso de la investigación.

El abogado hizo estos comentarios mientras aparecía como invitado en un programa. El presentador teoriza que Sandy podría haberse puesto la bata al revés a propósito para usarla como escudo contra las salpicaduras de sangre, terminando en cualquier parte de su cuerpo. De hecho, esta idea fue adoptada por la fiscalía, cuyos abogados estaban viendo el programa. La defensa cometió un terrible error al discutir el juicio en curso tan públicamente, y esto resultaría ser un problema grave para su caso más adelante.

Otra cosa que fue muy importante para la fiscalía fue el comportamiento de Sandy después de los asesinatos. Una parte importante de los testimonios del juicio giraron en torno a cómo reaccionó Sandy ante la tragedia, incluidas varias observaciones de familiares y amigos. Muchas personas lo consideraron inapropiado como mínimo, mientras que algunos estaban convencidos de que esto demostraba su culpabilidad. Otros simplemente pensaron que podría haber sido sociópata.

Quienes expresaron sus condolencias a Sandy el día de los asesinatos señalaron que no estaba traumatizada y que no mostraba más emociones que querer ver a su novio. Sus muestras de indiferencia continuaron en el funeral, donde se la escuchó hablar sobre jugar voleibol por la noche. Su "dolor" mientras sus padres estaban siendo enterrados no había logrado convencer a una sola persona presente.

. . .

La defensa de Sandy sufrió un poderoso ataque por el testimonio de su hermano. Matt comenzó describiendo a su hermana como una "reina del drama" y, peor aún, dijo que era una excelente actriz a la que le gustaba decir mentiras.

Habló durante dos horas y describió lo que sucedió cuando llegó a casa después de escuchar las horribles noticias. Dijo que lo primero que le dijo Sandy fue que era sospechosa, lo que mostraba claramente que su interés personal era su prioridad. Matt expresó su sospecha de que Bruno podría haberlo hecho, pero Sandy lo negó diciendo que amaba a Alan, lo que Matt no creyó ni por un segundo. Nadie más lo hizo, sobre todo después de tener en cuenta el altercado entre Bruno y Alan durante el fin de semana del Día del Trabajo. A pesar de creer que Bruno podría haber perpetrado los asesinatos, Matt todavía sospechaba que Sandy era al menos cómplice y, como le dijo a la corte, por eso evitaba hacerle preguntas. Tenía miedo de escuchar la verdad.

Una cosa que ciertamente reforzó el caso de Sandy fue lo limpias que estaban ella y su ropa, sin rastros de materia, tejido o sangre relacionados con el crimen.

Los investigadores examinaron minuciosamente su cabello, manos y otras áreas que podrían salpicarse de sangre en un caso de asesinato como este. Se trajeron expertos y testificaron que era prácticamente imposible matar a Dorothea de la forma en que la habían matado y no ser rociada con sangre, al menos a nivel microscópico. Y, sin embargo, la policía examinó a Sandy por tales casos el mismo día del asesinato. Aunque el arma homicida tenía una huella dactilar no identificada, no pudo coincidir positivamente con las huellas dactilares de Sandy. Tampoco había huellas en ninguna de las balas o cuchillos de carnicero encontrados en la escena.

También fueron incriminatorios los comentarios que Sandy había hecho a sus compañeros de celda sobre cómo había colocado los cuchillos en la cama para desbaratar la investigación y engañar a la policía. La defensa argumentó que estos comentarios eran inadmisibles porque Sandy era menor de edad y, como tal, no debería haber sido encarcelada con adultos. El juez desechó estas objeciones con el argumento de que Sandy ya estaba siendo juzgada como adulta. La defensa incluso trató de acusar a Matt Johnson de intentar sacar a su hermana para poder obtener su seguro de vida.

· · ·

Ninguno de estos intentos funcionó, y el jurado finalmente encontró a Sandy culpable de dos cargos de asesinato en primer grado después de once horas de deliberación. El juez dictó la pena de dos cadenas perpetuas más otros quince años, todo ello sin posibilidad de libertad condicional. En buena medida, el juez también multó a Sandy con $10,000, la mitad de los cuales se le pagarían a Matt Johnson.

Más tarde, Sandy y sus abogados intentarían apelar la sentencia, primero en 2011 y luego en 2012 cuando se concedió una audiencia en noviembre. La audiencia se concedió sobre la base de los avances tecnológicos con respecto al uso de ADN y huellas dactilares, que habían avanzado significativamente desde el juicio original. La apelación fue finalmente rechazada en febrero de 2014.

Sandy aún cumple su condena en el Centro Correccional de Mujeres de Pocatello en Idaho, y nunca ha admitido su parricidio. Lo único que debe haber cambiado fue su amor ciego y juvenil por Bruno, quien, al final, testificó en su contra durante el juicio.

7

Teo Gilbert

EN OTRO EJEMPLO más de problemas en el paraíso, Teo Gilbert Jr. era un rico heredero de fondos de cobertura y graduado de Princeton que asesinó a su propio padre. Los padres, Teo y Sharon, tuvieron mucho éxito en el sector financiero y estaban trabajando para asegurarse de que sus hijos siguieran el mismo camino de éxito. En lugar de este camino, Teo Jr. eligió uno que lo haría conocido para siempre como el Padre Asesino de la Ivy League. La familia Gilbert había tenido éxito durante generaciones, por lo que, sin duda, Teo Jr. nació en una vida de lujo, privilegios y oportunidades.

En su llamada al 911 informando del asesinato a la policía, se grabó a Sharon diciendo que ella había sabido durante algún tiempo que su hijo estaba "loco", pero que ahora había cruzado un umbral que ella no vio venir. El asesinato fue un caso relativamente reciente que ocurrió en enero de 2015.

El caso recibió un alto grado de atención de los medios, lo que generó mucha especulación y debate sobre el verdadero motivo subyacente del asesinato. Los intentos de la defensa de seguir el camino de la locura durante el juicio finalmente no funcionaron, lo que llevó el discurso público en la dirección de la condena universal de Teo Jr., cuyo crimen fue referido por los fiscales como la última rabieta.

La familia Gilbert

Teo Sr. nació en 1945 en el seno de una familia ya próspera que lo encaminó hacia el éxito y la riqueza desde el principio. Después de recibir su educación básica en escuelas preparatorias exclusivas, estudió en numerosas universidades de la Ivy League y obtuvo títulos de Princeton y Harvard.

Después de terminar su educación formal, Gilbert se fue a trabajar a Wall Street, donde tuvo mucho éxito en las inversiones. Más importante aún, esto fue cuando conoció y se casó con Sharon Stevens Rea, quien trabajaba como vicepresidente asistente en New Court.

Corporación de Valores en ese momento. La joven pareja de Gilbert se abrió camino fácilmente como miembros distinguidos de la alta sociedad de Nueva York.

Como individuos de gran renombre y con muchas conexiones, tanto Teo como Sharon fueron inscritos en el Registro Social, junto con miembros de otras familias ricas e influyentes. Esto formalizó la posición de la pareja en la alta sociedad de Nueva York. Además de su reputación, conexiones y dinero, la pareja de Gilbert también era propietaria de varias casas en Nueva York.

Teo Jr. entró en su vida cuando nació en 1984, seguido por su hermana Clare poco después. Sharon podía darse el lujo de suspender temporalmente sus actividades profesionales en interés de la maternidad, y pasó el siguiente período de su vida enfocándose en sus hijos. Teo Jr., o Tommy como comúnmente se le llamaba, creció hasta convertirse en un chico guapo que parecía estar firmemente decidido a seguir los pasos de su padre. Tommy era guapo, muy atlético y recibió las mejores oportunidades educativas, lo que lo colocó en el camino para convertirse en parte de la élite.

Las ideas y planes para el futuro que Tommy tenía para sí mismo comenzaron a diferir de los de su padre cuando llegó el momento de que Tommy comenzara a trabajar. En lugar de comenzar trabajando en la firma de su padre como quería Teo Sr., Tommy buscó aventurarse por su cuenta y ser un hombre de negocios independiente. Quería hacer esto sin la ayuda de su familia, pero este era un camino difícil para el que quizás no estaba preparado. Los esfuerzos comerciales de Tommy lucharon por despegar, y se encontró apoyándose en sus padres una y otra vez.

Si bien le resultó difícil tener éxito en sus esfuerzos, Tommy también era un gran gastador al mismo tiempo, prefiriendo vivir en vecindarios exclusivos y teniendo que pagar una renta mensual alta. Para ayudarlo a mantenerse a flote, sus padres establecieron una asignación semanal de $1,000 para él.

Tommy no se esforzó mucho en descubrir dónde estaban los problemas ni en idear un nuevo enfoque para hacer que sus negocios prosperaran. Pasó gran parte de su tiempo libre navegando, yendo a fiestas y pasando el rato con otras personas de la alta sociedad de Nueva York. Tommy se encontró encajando en la escena de la alta sociedad, pero solo en el nivel superficial. Era de una familia adinerada, era guapo, alto y tenía estilo, pero tenía otros problemas bajo la superficie. Más tarde, los testigos lo describieron como distante, torpe, errático e incluso propenso a arremeter violentamente.

Con el tiempo, se hizo cada vez más claro que Tommy estaba resultando ser una decepción para su padre y el resto de la familia. Poco a poco, la distancia entre Tommy y su gente empezaron a crecer. Un indicio de ello era un correo electrónico que Tommy le había enviado a su padre a finales de 2013, más o menos diciéndole que cuanto más lejos estuvieran, mejor.

A pesar de lo explícito que era en su deseo de estar lo más lejos posible de su padre, Tommy hizo poco para lograr la independencia financiera para mantener esa distancia por su cuenta. De hecho, seguiría dependiendo económicamente de sus padres durante bastante tiempo.

· · ·

Tommy prefería vivir lujosamente a expensas de sus padres que trabajar para ganarse la vida. Podría haberse esforzado más para hacerlo por su cuenta, pero también siempre tuvo la opción de volver a la fila y trabajar con su padre. Ninguno de estos parecía interesar a Tommy lo suficiente como para mantenerlo motivado y siguiendo el rumbo correcto. Con el tiempo, Teo Sr. comenzó a reducir la asignación de su hijo en un intento por traerlo de vuelta al redil. Para el momento. del altercado final y el asesinato, cuando Teo Sr. amenazó con cortar completamente a Tommy, su asignación había disminuido de los $1,000 iniciales a la semana a alrededor de $300.

Las cosas llegarían a un punto de ebullición el 4 de enero de 2015, cuando Tommy llegó sin previo aviso a la casa de sus padres en Manhattan. Sharon recordó más tarde lo feliz que estaba de ver a su hijo y que le alegró saber que quería hablar con su padre sobre "negocios". En su mente, esta era una gran noticia porque pensó que Tommy finalmente se estaba volviendo serio y se estaba tomando en serio su vida, tal vez queriendo comenzar a trabajar con su padre.

. . .

Tommy y su madre intercambiaron algunas palabras, y luego él le preguntó si podía ir a la tienda por él, porque quería un sándwich y una coca cola. Sharon se alegró de hacerlo, y al principio no pensó mucho en ello, pero comenzó a tener un mal presentimiento en algún momento de camino a la tienda. Como recordó más tarde, algo en el comportamiento de su hijo simplemente no le sentaba bien.

La última rabieta

A medida que sus fondos se redujeron y la posibilidad de quedarse sin el dinero de su familia se volvió más real, la frustración de Tommy comenzó a alcanzar un nuevo nivel.

Nadie esperaba que Tommy llegara tan lejos como para asesinar a su padre solo porque lo amenazó con quitarle la asignación. No obstante, Sharon recordó cómo de repente se sintió abrumada por un sentimiento siniestro mientras se dirigía a la tienda. A mitad de camino, Sharon decidió dar la vuelta y regresar a casa.

· · ·

Su intuición la presionaba con ideas cada vez más oscuras a medida que se acercaba a casa. Una vez que entró, fue inmediatamente recibida por la vista de su esposo tirado en el suelo, sin mostrar signos de conciencia. Tommy no estaba a la vista, y Sharon asumió que los dos tuvieron una pelea que dejó a Teo Sr. noqueado.

A medida que se acercaba y comenzaba a examinar a su esposo, rápidamente descubrió la horrible vista de una herida de bala en su cabeza y un arma en su mano.

Sharon pudo controlar la conmoción inicial con bastante rapidez y llamó al 911. De manera serena, informó al despachador que su esposo recibió un disparo en la cabeza y que probablemente estaba muerto. Cuando el despachador le preguntó a Sharon quién le disparó a su esposo, ella dijo que había sido su hijo, a quien había creído que estaba "loco" durante mucho tiempo, pero no lo suficientemente loco como para matar a alguien, y mucho menos a su propio padre.

Cuando llegaron los oficiales e investigadores de la policía de Nueva York, interrogaron a Sharon y ella reveló que siempre supo que su hijo era inestable. Explicó que tenía antecedentes de enfermedad mental, cuyos signos surgieron por primera vez cuando era un adolescente. El trastorno obsesivo compulsivo (TOC) e incluso la esquizofrenia se encontraban entre los problemas que ella y algunos expertos sospechaban, pero siempre fue difícil trabajar con Tommy y no recibió mucha ayuda.

Luego, la policía emitió un APB sobre Tommy, y su teléfono fue rastreado solo seis horas después del asesinato. La posición del teléfono se trianguló a su apartamento en Chelsea, y la policía se dirigió allí de inmediato.

Cuando llegaron los oficiales, Tommy no intentó resistirse ni huir. Simplemente abrió la puerta e informó a los oficiales que ya estaba hablando con su abogado por teléfono. Fue arrestado de inmediato, y la policía no tardó mucho en presentar cargos, incluido el de asesinato y posesión ilegal de un arma de fuego.

El detective Ron Tirelli y otros investigadores de homicidios comenzaron a descubrir otras cosas interesantes sobre Tommy a medida que avanzaba la investigación. Se enteraron por sus amigos y conocidos que estuvo en el centro de un incendio provocado en 2014, donde fue el principal sospechoso, aunque nunca fue acusado.

El incendio ocurrió en la casa de los Hamptons de Peter Smith Sr., cuyo hijo, Peter Smith Jr., tuvo un altercado con Tommy después de que su amistad se estropeara. Los dos incluso se habían peleado en una ocasión anterior, lo que provocó la fractura de la nariz de Smith Jr., pero no se presentaron cargos.

Otros descubrimientos, como el historial de búsqueda en Internet en la computadora de Tommy, ilustraron la naturaleza premeditada del asesinato de su padre. Además de la correspondencia que compartió con la persona que le vendió el arma, los intentos de Tommy de contratar a un asesino a sueldo fueron particularmente notables.

Esto era evidente por el hecho de que había buscado sitios web como "Hire-a-Killer.com", "Find-a-Hitman.-com" y otros. Esto se sumó a los testimonios de numerosos amigos que dijeron que Tommy albergó ira y agresión hacia su padre durante algún tiempo.

· · ·

Según la fiscalía, la gota que colmó el vaso fue la reducción a \$300, que ocurrió la mañana del asesinato. El hecho de que Tommy ya se hubiera armado e investigado asesinos a sueldo indicaba que la idea había estado creciendo en su mente durante un tiempo. El detective Tirelli opinó que Tommy tomó su arma y fue a la casa de su padre esa mañana para tratar de amenazarlo para que pagara la asignación completa nuevamente. Como no obtuvo lo que quería, Tirelli postuló que Tommy le disparó a su padre, "siendo el mocoso malcriado que era".

La defensa se centró en la salud mental de Tommy y trató de argumentar que no estaba en condiciones de ser juzgado.

Argumentaron que no solo tenía problemas mentales de larga data, sino que estos problemas empeoraban mientras estaba encarcelado. De hecho, la defensa logró que varios psicólogos y profesionales de la salud mental testificaran que Tommy no estaba mentalmente capacitado para defenderse en el juicio. Desafortunadamente para él, los fiscales lograron que sus propios expertos respondieran por lo contrario.

Aunque el resultado del juicio quizás no fue tan claro

como esperaba la fiscalía, el juez. finalmente se puso de su lado. El juicio se llevó a cabo a pesar de las protestas de la defensa, y entre los testigos estaba Sharon. Sharon testificó que su hijo estaba inestable y no estaba en su sano juicio cuando mató a Teo Sr., y la defensa tuvo algo de éxito al presentar el caso de la locura de Tommy. El jurado finalmente lo encontró culpable de asesinato en segundo grado además de dos cargos de posesión ilegal de armas de fuego en segundo grado. En otoño de 2019, Tommy fue sentenciado de treinta años a cadena perpetua, con la posibilidad de libertad condicional en 2044. Desde entonces, Sharon ha apoyado a su hijo, tratando de conseguirle ayuda psiquiátrica y al mismo tiempo anunciando que apelará la condena de su hijo.

Un niño problemático

Tan claro y directo como parecía el motivo de Tommy durante y después del juicio, los hechos demostraron que había sido un joven problemático durante bastante tiempo antes del asesinato. Tommy comenzó a mostrar problemas a una edad temprana y, al principio, estos no parecían tan problemáticos. Sin embargo, a medida que crecía, muchos de sus problemas empeorarían progresivamente.

. . .

Desafortunadamente, las primeras señales de advertencia se ignoraron en gran medida y, en el mejor de los casos, se abordaron de manera deficiente. Los padres de Tommy y sus maestros y profesores tal vez podrían haber hecho más para enderezar a Tommy cuando aún era joven.

En el tiempo transcurrido desde la tragedia que cayó sobre los Gilbert, la madre de Tommy ha sido particularmente franca y activa en sacar a la luz lo que ella cree que son problemas mentales graves con los que su hijo ha estado luchando toda su vida. Sharon cree que el asesinato de Teo Sr., como muchos otros incidentes y dificultades en la vida de Tommy antes de ese momento, puede atribuirse a una enfermedad mental. En su opinión, los esfuerzos de la fiscalía por pintar a Tommy como un niño rico mimado y perezoso que mató a su padre por una rabieta fueron injustos. Sharon ha argumentado que su hijo ha tenido un largo historial de problemas mentales, por lo que nunca recibió la ayuda adecuada.

. . .

Al final resultó que la lucha de la familia con los episodios psicóticos de Tommy se prolongó durante unos quince años antes de la tragedia. Sharon recordó que tuvo cuidado con su hijo cuando era un joven estudiante que asistía a la Academia Deerfield. Se aseguró de que Tommy no trabajara demasiado, e hizo todo lo posible para ayudarlo a disfrutar tanto como pudo de su infancia. Tommy era particularmente experto en matemáticas y mostró una habilidad especial para los números desde una edad temprana. En Deerfield, Tommy fue generalmente elogiado como un gran estudiante con una fuerte ética de trabajo.

Tuvo tanto éxito, de hecho, que lo admitieron temprano en Princeton. El informe de su asesor señaló que Tommy tenía una "actitud positiva y optimista", así como un gran sentido del humor y confianza.

Fue entonces cuando comenzaron a surgir ciertas rarezas en el comportamiento de Tommy. El niño brillante y confiado que solía ser Tommy gradualmente dio paso a una nueva versión más tranquila de él. Sharon recordó que sintió que él tal vez se estaba cansando de todo su arduo trabajo en la escuela, pero fue Teo Sr. quien sospechó que había más en juego. Los signos iniciales indicaban que Tommy podría tener TOC, que tiende a manifestarse a través de varios miedos irracionales y todo tipo de comportamiento involuntario. Como muchos otros enfermos de TOC, Tommy desarrolló un miedo severo a los gérmenes. Empezó a agregar más y más cosas a la lista de objetos "contaminados" que evitaba, y finalmente percibió el apartamento como tal.

Los padres de Tommy trataron de ayudarlo, pero él no cooperó. Les tomó bastante tiempo conseguir que hablara con un psiquiatra, momento en el que ya había cumplido dieciocho años. Las cosas se estaban poniendo tan mal que algunos de los psiquiatras recomendaron la hospitalización para tratar a Tommy. Sharon luego describió cómo una vez pudo leer a su hijo y llegar a él "notablemente bien", y cómo esto cambió gradualmente hasta el punto en que sintió que su propio hijo era un extraño.

La universidad fue cuando las cosas realmente comenzaron a deteriorarse para Tommy, especialmente una vez que entró en contacto con las drogas. Además de la marihuana, Tommy también consumía alucinógenos y otras drogas duras, lo que empeoraba su salud mental. Pronto comenzó a luchar contra el insomnio y con frecuencia se retiraba a los hoteles, sin hablar con nadie.

• • •

No pasó mucho tiempo hasta que Tommy también comenzó a tener problemas con la ley, lo que ilustró la gravedad de la situación en un nivel completamente nuevo para sus padres. En ese momento, los Gilbert contrataron a un abogado, Alex Spiro, que también tenía una amplia experiencia en psiquiatría, en un intento de institucionalizar a su hijo de alguna manera para que pudiera obtener la ayuda que necesitaba. Sin embargo, estos intentos fracasaron ya que no había base legal para internarlo involuntariamente por más de 72 horas.

Su conflicto con Peter Smith Jr. fue un episodio particularmente preocupante. El altercado empeoró tanto que Peter testificó más tarde que Tommy había tratado de matarlo. Tommy evitó un cargo de incendio premeditado debido a la falta de pruebas, pero no había más sospechosos que él. Sharon dijo que esta era la primera vez que Tommy se ponía violento, a pesar de todos sus problemas mentales.

No tenía idea de lo mal que se pondrían las cosas.

Después del asesinato de Teo, Alex Spiro creía que el sistema de justicia penal debería haber requerido condiciones de salud mental. De manera similar,

Sharon cree que fue el sistema el que le falló a su hijo y, en última instancia, es el culpable de la prematura muerte de su esposo. Si el estado de Nueva York hubiera brindado la ayuda que Tommy necesitaba, argumentó Sharon, su esposo probablemente estaría vivo. Los Gilbert hicieron intentos muy reales de hospitalizar a su hijo. En un momento, incluso idearon un plan para internarlo en un hospital psiquiátrico privado mientras brindaban una tapadera a sus amigos de que estaba en África en un viaje de surf. Dependía de Tommy firmar los papeles y dar su consentimiento, lo que estuvo a punto de hacer, pero finalmente se negó.

8

Martin Rudy

EL ASESINATO de Eric y Carol Ruddy a manos de su hijo Martin fue un crimen particularmente despiadado y tal vez inusualmente despiadado, que conmocionó a Elswick y a la comunidad de Newcastle en la región noreste de Inglaterra.

El hecho de que estuviera motivado únicamente por la ganancia monetaria y que el asesino fuera fríamente calculado en la forma en que trató de ocultar y tergiversar sus fechorías contribuiría a una fuerte sentencia. El juez calificó la conducta de Martín tras el asesinato de sus padres como una "red de engaño".

. . .

La naturaleza altamente premeditada y materialista del crimen y el motivo fue impactante, pero también lo fue la violencia misma.

Para la mayoría de nosotros, es imposible imaginar matar a nuestros propios padres solo para salvarnos de la ruina financiera, razón por la cual muchas personas intentaron identificar algún otro motivo que podría haber tenido Martin. Al final, fue difícil mantener la polémica después de examinar los hechos del caso. Lo que hace que el crimen sea aún más difícil de creer es que Martín no tenía antecedentes de violencia y su relación con sus padres había sido normal.

Es difícil determinar qué pudo haber pasado en la cabeza de Martin para conducirlo por este camino, pero esta es una pregunta que incluso él podría no ser capaz de responder.

Tiempos difíciles

En el tiempo previo a los asesinatos, Martin Ruddy, un padre de 28 años de South Tyneside, había acumulado deudas financieras considerables y estaba pasando por un momento difícil. Como luego le dijo a la corte, las cosas se pusieron tan difíciles en un momento que fue a una playa en noviembre de 2014 con tabletas y vodka, planeando quitarse la vida. Finalmente cambió de opinión, pero se acercó, y solo rechazó el hecho de que tenía personas que se preocupaban por él y dependían de él. Martin debía unas 6.000 libras esterlinas y estaba participando en un problema de gestión de deudas. Según su testimonio en el juicio, planeaba declararse en bancarrota y solucionar sus problemas de manera legítima.

Al mismo tiempo, Martin era consciente de que su padre había estado ahorrando durante un tiempo una cuantiosa suma para la jubilación, que ascendía a casi 90.000 libras. Eric planeó jubilarse con este dinero y cuidar de Carol, quien había estado parcialmente discapacitada desde que sufrió un derrame cerebral unos nueve años antes. Antes del derrame, Carol trabajaba en la Universidad de Newcastle, pero el derrame la dejó incapaz de continuar. En el caso de la muerte de Eric y Carol, Martin Ruddy heredaría los ahorros de Eric como único beneficiario.

Como determinó el tribunal, Martin vio este dinero como su salida y lo quería lo antes posible. Durante el juicio, Martin explicó cómo, a pesar de que estaba pasando por dificultades financieras, no le pidió ayuda a su padre a fines de 2014. A pesar de su episodio suicida y sus deudas crecientes, parece que Martin determinó que su mejor curso de acción sería ser homicidio premeditado. Probablemente esto fue algo en lo que Martin pensó durante un tiempo antes del crimen, e ideó un plan bastante diabólico sobre cómo lo haría y luego se saldría con la suya.

En sus intentos posteriores de hacer que su historia de robo pareciera más plausible, Martin elogió a sus padres y solo dijo cosas buenas sobre su relación. Sin saberlo, estos testimonios solo sirvieron para hacer que su atroz crimen pareciera mucho peor para todos los demás.

Cuanto más trataba de hacer que pareciera imposible que los mató simplemente en virtud de que Eric y Carol eran buenos padres, más disgustado hacía sentir a la gente. Al mismo tiempo, el hecho de que sus padres fueran personas tan decentes y que lo trataran bien hizo que el caso fuera más desconcertante.

. . .

A las personas involucradas en el caso, así como a quienes se mantenían al tanto de las noticias, les resultó difícil comprender por qué Martin de repente decidió tomar un camino tan extremo y oscuro. El desconcierto vino y viene del hecho de que Martín tenía otras opciones. Podría haber tratado de resolver sus problemas financieros de varias maneras por su cuenta, pero también podría haber pedido ayuda a sus padres. Según algunos relatos, Martin recibió alguna ayuda financiera de sus padres durante su período difícil, pero no fue suficiente. El programa en el que estaba Martin para tratar de devolver el dinero no funcionó. Los problemas financieros y otras tensiones en el hogar también fueron una tensión significativa para su matrimonio, que estuvo cerca del punto de quiebre cuando Martin se volvió más agitado en el tiempo previo a los asesinatos.

Es lógico que los padres de Martin le hubieran brindado asistencia adicional si él lo hubiera pedido, pero esto es algo que nadie sabrá con certeza. Parecería que la perspectiva de acercarse a las 90.000 libras de inmediato fue, en última instancia, lo más atractivo para Martin.

· · ·

Además, es posible que sintiera que había ideado el crimen perfecto, por lo que es cuestionable si esperaba ser arrestado y especialmente condenado.

Los asesinatos del 12 de diciembre de 2014 fueron espantosos, por decir lo menos. Martin primero drogó a sus padres con antidepresivos que había conseguido mintiéndole a un psiquiatra. Martin pudo obtener una receta después de afirmar que su padre había muerto y que estaba pasando por un momento difícil debido a la pérdida. No se ha determinado más allá de una duda razonable si drogó a sus padres para facilitar los asesinatos, haciendo así que el crimen fuera completamente premeditado.

Otra posibilidad es que trató de hacer que su padre fuera más agradable y más fácil de manipular, ya que Martin posiblemente esperaba recibir directamente de él el dinero de la jubilación de su padre. De cualquier manera, Eric no tenía intención de darle el dinero a Martin, a pesar de que él era el único beneficiario de su testamento. Mientras viviera, la prioridad de Eric era usar el dinero para cuidar a su esposa discapacitada. Se suponía que Martin obtendría lo que quedara después de la muerte de sus padres.

. . .

En un momento, las cosas se pusieron severamente físicas, y Martin terminó golpeando la cabeza de su padre con un ladrillo, golpeándolo muchas veces.

Cuando su padre se estaba muriendo, Martin tomó un cuchillo y comenzó a cortarse la cara en un intento de hacer que pareciera que Eric fue atacado por un ladrón que empuñaba un cuchillo. Después de eso, Martin tomó un par de tijeras para las uñas y se apuñaló en el pecho para darle peso adicional a su narrativa y parecer una víctima.

También se golpeó con el ladrillo que usó para matar a su papá.

La red del engaño

Cuando Carol escuchó la conmoción y tropezó con la espantosa escena de violencia, trató de llamar a la policía.

. . .

Martin se apresuró a detenerla y terminó estrangulando a su madre con un cable HDMI de TV en el proceso. La llamada de emergencia, que Carol logró hacer, más tarde terminó siendo un punto de cierta controversia en lo que respecta a este caso. Es decir, la policía recibió la llamada, pero el despachador optó por ignorarla porque estaba "demasiado amortiguada". Esta llamada llegó a las 9:30, y el operador de despacho recordó más tarde que la única parte inteligible era: "Por favor, date prisa".

El fracaso del despacho policial para procesar la llamada y enviar ayuda más tarde causó un gran revuelo y condujo a algunas revisiones inmediatas de los procedimientos policiales con respecto a las llamadas de emergencia al 999 en Inglaterra. De hecho, el operador no había hecho nada malo y solo estaba siguiendo los procedimientos ya establecidos. El operador no podía entender lo que se decía ni detectar ningún signo de angustia. Según el procedimiento estándar, el operador esperó 45 segundos adicionales, después de lo cual se tomó la decisión de no conectar la llamada a la policía.

. . .

No hubo una llamada de seguimiento durante toda una hora hasta que llamaron nuevamente a la policía desde la casa de un vecino, diciéndoles que habían atacado a Eric y Carol. Lo que sucedió fue que Martin, después de matar a sus padres y apuñalarse a sí mismo en el pecho, corrió hacia los vecinos de al lado de sus padres y les dijo que los ladrones habían irrumpido en la casa y lo habían atacado brutalmente a él ya sus padres. El vecino recordó más tarde que Martin todavía tenía el pequeño par de tijeras para uñas clavado en el lado derecho del pecho, cerca del hombro.

Antes de que llegara la policía, el vecino entró en la casa de Eric y Carol y vio una escena horrible. Eric, golpeado y ensangrentado, yacía en el suelo con una almohada debajo de la cabeza.

El vecino y Martin luego se dirigieron a la sala de estar, donde se podía ver a Carol tendida en el piso con el cable de televisión todavía alrededor de su cuello. Su bastón, un testimonio de su impotencia ante el feroz ataque, estaba debajo de su cuerpo. El vecino testificó más tarde que, al ver a Carol acostada boca abajo, Martin se sorprendió y se acostó junto a ella, aparentemente en estado de shock y dolor.

. . .

Luego comenzó a sacudir a su madre, tratando de ver si se despertaba. Durante este tiempo, el vecino estaba tratando de revivir a Eric, quien, aunque terriblemente golpeado y cortado, aparentemente todavía mostraba signos de vida.

Otros vecinos también comenzaron a llegar para investigar.

Martin les explicó a todos que hubo intrusos que tomaron como rehenes a la familia y asesinaron a sus padres.

El análisis post mortem demostró que Carol fue estrangulada por la espalda mientras que Eric murió como resultado de sus heridas, principalmente en la cabeza. Los examinadores también observaron a Martin y encontraron que sus heridas por haber sido golpeado con un ladrillo eran en su mayoría superficiales. Sin embargo, también sangraba por las heridas de arma blanca, que luego resultaron ser autoinfligidas.

. . .

Según Martin, él y sus padres estaban sentados viendo unos programas de televisión cuando unos intrusos irrumpieron en la casa y los atacaron.

Antes de eso, dijo Martin, él y su madre fueron de compras a Asda. Después de que fue arrestado, acusado de dos cargos de asesinato y llevado a juicio, el jurado tardó alrededor de una hora en rechazar su versión y declararlo culpable de ambos cargos. No obstante, Martin mantuvo su supuesta inocencia y nunca confesó. Dijo que llamaron a la puerta y que su padre fue a abrir, momento en el que dos intrusos masculinos entraron a la fuerza. Convenientemente, los dos hombres golpearon a Martin hasta dejarlo inconsciente, lo que lo dejó incapacitado durante el ataque.

Después de que supuestamente se despertó, vio que sus padres habían sido brutalizados y que los atacantes se habían ido.

Cuando llegó la policía, trajeron una ambulancia, pero no se pudo hacer nada por Eric y Carol. Fueron declarados muertos poco después. La policía comenzó a interrogar a Martin tan pronto como se le acercó en la escena. Martin dio a los investigadores algunas descripciones bastante detalladas de los dos supuestos agresores. El problema de su historia es que su palabra era lo único que tenía para respaldarla.

Ninguna de las pruebas forenses y físicas que la policía había reunido y examinado en la escena del crimen apuntaba a intrusos externos, mientras que muchas de ellas apuntaban claramente a Martin. Además de eso, las imágenes de CCTV de cámaras bien ubicadas alrededor de la casa adosada de Newcastle en la que vivían los padres de Martin no mostraban señales de ningún intruso ni de nadie que coincidiera con las descripciones dadas por Martin.

Los intentos de Martin de mentirle a la policía y construir una narrativa falsa elaborada se reflejarían terriblemente en él durante el juicio. Los amigos de la familia y los muchos parientes que asistirían a las sesiones del juicio quedaron devastados al conocer los detalles y los hechos del despreciable crimen de Martin. El juez se aseguró de enfatizar la repentina e inesperada traición que Martín había cometido contra sus confiados y desprevenidos padres. A la luz de los hechos, Martin se convirtió en un extraño para muchos de sus familiares, quienes simplemente estaban estupefactos de cómo pudo haber sucedido algo de esto.

Durante el juicio, el Tribunal de la Corona de Newcastle le pidió a Martin Ruddy que describiera la relación que tenía con sus padres. A pesar de la naturaleza engañosa y la sangre fría de sus espantosos crímenes, Martin sostuvo que tenía una relación amorosa con Eric y Carol. Dijo que había mucho cuidado en la familia, y que tanto él como sus padres siempre se encontraban a mitad de camino.

Describió a su madre como una mujer encantadora, ingeniosa, sociable, querida y siempre servicial con otras personas. Los padres de Martin tenían una casa en Bentinck Street en Elswick, Newcastle, donde los visitaba con frecuencia.

Martin se emocionó notablemente al dar este testimonio en la corte, especialmente cuando habló sobre la alegría que sus padres recibían de sus nietos. Aún no se sabe qué parte de la emoción que mostró Martin durante el juicio fue genuina. Dado que su defensa inicial y la historia sobre los intrusos colapsaron rápidamente ante los ojos de la corte y el jurado, es posible que haya tratado de complementar su falta de evidencia con lágrimas, escenas emocionales y similares.

El asesino entró en muchos otros detalles sobre la relación con sus padres. Sus visitas a su casa de Elswick no eran algo ocasional y planificado de antemano. Martín visitaba a sus padres un par de veces por semana, lo que dejaba claro que su relación era muy estrecha y que no había distanciamiento. Martin incluso describió cómo él y sus padres se saludaban y dijo que siempre abrazaba a su mamá y a su papá. El tribunal también pudo ver cosas como tarjetas que Martin enviaba a sus padres en sus cumpleaños y el día de la madre y el día del padre.

El juez, Peter Sloan, no se esforzó tanto por ocultar su disgusto por las acciones asesinas de Martin. Tampoco ocultó su felicidad con la decisión del jurado, señalando que estaba contento de que vieron a través de la "red de engaño" de Martin. El juez Sloan describió el crimen de Martin como un grave abuso de confianza y poder, y enfatizó que sus padres no solo eran viejos, sino que también estaban drogados con medicamentos que causaban somnolencia.

Carol ya estaba discapacitada desde su derrame cerebral, por lo que estaba prácticamente indefensa. Eric no podría ir mucho mejor, siendo un hombre de unos 60 años. Por otro lado, Martin tenía solo 29 años en ese momento y era una persona físicamente fuerte que hacía ejercicio regularmente, habiendo trabajado como portero en el pasado.

El juez también enfatizó el daño irreparable que Martin había causado al resto de la familia, dejándolos. afligido por la pena. El proceso judicial fue doloroso y muy emotivo para los familiares y amigos de la querida pareja que formaban Eric y Carol. La brutalidad de los asesinatos empeoró aún más por los desvergonzados engaños de Martin y su categórica negativa a aceptar la responsabilidad por lo que había hecho. Toda la prueba resultó increíblemente traumática para muchas personas más allá de las víctimas directas, y el juez consideró que esto agravó aún más el crimen de Martin. El aferramiento desesperado de Martin a su historia torpe y ficticia y su negativa a confesar se tuvieron en cuenta durante la sentencia.

Finalmente, recibió cadena perpetua en prisión sin posibilidad de libertad condicional durante los primeros 35 años, lo que lo hizo elegible en 2050.

La tía de Martin, Dianne Nichol, fue una de las familiares que expresó su conmoción mientras testificaba ante el tribunal. Estuvo incrédula todo el tiempo y estaba particularmente sorprendida por la pura crueldad de cómo Martin mató a sus padres. Dijo que la familia estaba destrozada por la tragedia y que nunca iban a poder reconciliarse con lo sucedido. Muchas personas que asistieron al juicio también se sorprendieron por el hecho de que Carol había logrado llamar a la policía y que su llamada fue ignorada, ya que la policía llegó más de una hora después de los asesinatos. En efecto, la policía y la ambulancia no llegaron hasta que el asesino decidió que estaba listo para que llegaran, informando a sus vecinos de lo sucedido. Los familiares de Eric y Carol fueron quienes iniciaron la primera petición para que las autoridades revisaran sus procedimientos de llamadas de emergencia de manera urgente.

Al comentar sobre los intentos de Martin de cubrir sus huellas, el fiscal dijo que dudaba que Martin sintiera algún remordimiento. Según él, Martin podría haber estado arrepentido inmediatamente después del acto, pero el fiscal cree que su sentido de autopreservación era más fuerte y finalmente prevaleció.

Sin embargo, otro abogado del caso dijo que Martin tendría mucho tiempo en prisión para reflexionar sobre sus crímenes y sentir remordimiento si aún fuera capaz de hacerlo.

Los agentes de policía que dirigieron la investigación se mostraron satisfechos con el resultado del juicio. Anne Fairlamb, el investigador principal, dijo que la sentencia era justa y bien merecida, especialmente dado el hecho de que Martin seguía mintiendo sobre todo. También expresó su esperanza de que el juicio, aunque revelara muchos detalles espeluznantes, proporcionara un cierto grado de cierre para las muchas personas que quedaron devastadas por el espantoso e inoportuno final de Eric y Carol a manos de quien debería haberles brindado protección. como dijo el juez Sloan.

9

Cristian Porco

A VECES, el perpetrador puede cometer un delito grave por razones que son evidentes para todos en la superficie mientras que, al mismo tiempo, la verdadera causa subyacente permanece oculta debajo. Este fue quizás el caso de Cristian Porco, quien mató a hachazos a sus padres en su cama el 15 de noviembre de 2004. Cristian tenía un motivo financiero superficial en el que tenía un historial de robo, pero la verdadera causa que lo llevó al asesinato real fue probablemente psicopatía.

Dejando a un lado la naturaleza espantosa de su vicioso ataque a sus padres, Peter y Joan Porco, todo el comportamiento y el carácter de Cristian eran bastante peculiares. La falta de remordimientos del joven y la necesidad patológica de mentir y engañar, que había sido evidente durante años, fueron algunas de las razones que llevaron a la policía y otras personas involucradas en el caso a creer que Porco era un sociópata o un psicópata.

La defensa se centró principalmente en la falta de evidencia física que implicara a Cristian mientras exploraba otras posibilidades, como una conexión con la mafia, pero finalmente no logró convencer al jurado.

Un mentiroso patológico

La relación de Cristian con sus padres y su hermano, Johnathan, se deterioró durante algún tiempo antes de los asesinatos. Luchó con sus estudios y fue una decepción para sus padres, pero peor aún, tenía una propensión a robar, mentir y engañar, no solo a sus padres sino también a todos los demás. Durante el juicio, muchos testigos se presentaron para dar una imagen completa del pasado, las relaciones y el carácter de Cristian, incluidos amigos, una ex novia y un oficial de seguridad que trabajaba en el campus de Cristian.

La serie de robos que Cristian había cometido en el pasado fue un descubrimiento digno de mención por parte de los investigadores. Estos robos estaban dirigidos a los propios padres de Cristian, cuya casa había irrumpido en varias ocasiones. En julio de 2003, Cristian irrumpió en la casa de sus padres y robó su computadora portátil, que luego vendió en eBay. Unos meses antes de eso, ya había robado otras dos computadoras, así como una cámara y otros artículos.

Además, Cristian estaba ejecutando una estafa en eBay en la que estafó a las personas con su dinero sin enviar los productos. Más tarde se supo que Cristian se hacía pasar por su hermano Johnathan en internet con otra cuenta y la usaba para mentirles a los clientes que Cristian estaba muerto y, por lo tanto, no podía cumplir con lo acordado.

La relación de Cristian con sus padres se deterioró en marzo de 2004, mientras viajaba a Inglaterra. Al enterarse de su terrible desempeño en el Hudson Valley Community College, al que asistió Cristian en Troy, Nueva York, Joan y Peter le enviaron un correo electrónico enojado. Lo reprendieron severamente por su bajo rendimiento académico, expresando su incredulidad por lo malo que era su informe de calificaciones provisionales. Esta fue, de hecho, la tercera vez que los padres de Cristian se sorprendieron desagradablemente con su informe de calificaciones, y amenazaron con interrumpirlo esta vez.

En su respuesta, que envió unos días después, Cristian mintió diciendo que en realidad era culpa de la universidad, ya que su registrador de calificaciones supuestamente estaba defectuoso. Más tarde, Cristian pudo ser readmitido en la Universidad de Rochester gracias a sus astutas falsificaciones de transcripciones del Hudson Valley Community College.

Sin embargo, estas falsificaciones no se permitieron como prueba para la acusación, aunque ahora son útiles como información adicional sobre la historia y el carácter de Porco.

Otra fuente importante de fricción entre Cristian y sus padres fueron sus préstamos muy cuestionables. Aún más cuestionable fue cómo usó estos préstamos, como comprar un auto nuevo. Los préstamos estaban destinados a financiar su matrícula únicamente. Para el semestre de otoño de 2003, Cristian ya tuvo que abandonar la Universidad de Rochester debido a sus pésimas calificaciones. Se las arregló para ser readmitido al año siguiente, aunque, en este punto, una vez más pidió un préstamo, esta vez $31,000. Este dinero estaba destinado a varios gastos relacionados con la universidad, pero Cristian lo consiguió falsificando la firma de su padre. Sin embargo, este fue el menor de los engaños a sus padres con respecto a la Universidad de Rochester. Cristian mintió a sus padres que la propia universidad también estaba pagando su matrícula.

Peter finalmente descubrió lo que había hecho su hijo y lo confrontó al respecto, nuevamente por correo electrónico, dos semanas antes de los asesinatos. Después de expresar su sorpresa, Peter le dijo a Cristian que iba a ponerse en contacto con el banco e informarles que su firma había sido falsificada. Al día siguiente, Peter se enteró del préstamo anterior, que se adquirió con una firma falsificada y se utilizó para comprar un nuevo Jeep Wrangler.

En un segundo correo electrónico, Peter expresó su decepción una vez más y le contó a Cristian sobre otras medidas que estaba tomando para solucionar este problema con el banco. No obstante, terminó el correo electrónico asegurándole a su hijo que todavía lo amaba y se preocupaba por él a pesar de que pudo haber decepcionado a sus padres.

Cuando Johnathan testificó más tarde en el juicio de su hermano, fue notablemente frío con Cristian. No ocultó que su relación se había estado deteriorando por un tiempo.

Parecía que Cristian era simplemente un niño problemático y que tenía dificultades para llevarse bien con alguien, familia u otros. La policía y sus investigadores postularon por primera vez que Cristian podría ser un sociópata o un psicópata, según la información que recopilaron durante la investigación. Sentían que carecía de cualquier atisbo de conciencia o remordimiento y que su constante engaño a los demás era algo patológico.

Se sabía que Cristian participaba regularmente en otras mentiras más pequeñas. Entre los estudiantes, por ejemplo, era conocido como el tipo de persona que mentía sobre su procedencia, fingiendo que su familia era extremadamente rica cuando, en realidad, era normal. En particular, mintió que su familia era propietaria de numerosas casas frente al mar.

Uno de los testimonios más importantes sobre este lado de la personalidad de Cristian provino nada menos que de Peter, quien le confió a Michele McKay que su hijo era un sociópata. Finalmente, quizás la voz más fuerte fue la de Frank Perri, profesor y psicólogo. Criticó el trabajo realizado por la policía, en particular sus entrevistas, y dijo que su enfoque fue defectuoso ya que no tuvo en cuenta el muy probable trastorno de personalidad sociópata o psicópata de Cristian.

Como mínimo, Cristian era un joven sin escrúpulos que se preocupaba principalmente por satisfacer sus propias necesidades y deseos, y no tenía reparos en involucrarse en cualquier tipo de engaño para conseguir lo que deseaba. Su naturaleza era bastante conocida, pero nadie anticipó que iría tan lejos como para matar a su padre con un hacha.

El ataque vicioso y la investigación

Este drama de asesinato comenzó a desarrollarse el 15 de noviembre de 2004, cuando Peter, un secretario judicial de la División de Apelaciones del Estado de Nueva York, no se presentó ante Albany. Se ordenó a un oficial de la corte estatal que fuera a la casa de Porco en 36 Brockley Drive en Delmar para investigar por qué Peter no vino esa mañana.

Cuando el oficial ingresó a las instalaciones, no pasó mucho tiempo antes de que el misterio se resolviera con un hallazgo bastante sangriento. No muy lejos de la puerta principal, el cadáver ensangrentado y descuartizado de Peter yacía en el suelo.

El médico forense del condado confirmó más tarde que la causa de la muerte de Peter fueron las devastadoras heridas que había sufrido en la cabeza, lo que indica que había sido golpeado con un hacha varias veces. El oficial de la corte llamó de inmediato a los servicios de emergencia y la policía pronto llegó a la escena. Fue solo después de que llegó la policía que también se encontró a Joan Porco. Todavía estaba en el dormitorio, acostada en una cama empapada de sangre, donde Cristian la atacó con la misma arma que usó con su padre. Sorprendentemente, sin embargo, Joan todavía estaba viva, y pronto la llevaron de urgencia a un hospital. Sufrió heridas terribles y quedó horriblemente desfigurada, y finalmente perdió el ojo izquierdo y una parte del cráneo.

Luego de una mayor investigación, la policía encontró rápidamente el arma homicida en el dormitorio, un hacha de fuego que pertenecía a Peter. Los investigadores se apresuraron a juntar las pruebas y determinaron que el sospechoso más probable era Cristian, quien en ese momento era estudiante en la Universidad de Rochester, que estaba ubicada a unas 230 millas al oeste.

En un par de horas, la policía obtuvo una orden de arresto para Cristian y emitieron un APB para su detención. Cristian estaba en la universidad en el momento en que los oficiales procesaban la escena del crimen.

Una pista temprana importante provino de la propia Joan.

Antes de que la llevaran a un hospital, Joan recibió atención médica inmediata. Sorprendentemente, no solo estaba viva sino también lúcida y capaz de una comunicación rudimentaria. Cristian Bowdish, un detective de la Policía de Bethlehem, aprovechó la oportunidad y le preguntó si sabía quién fue el que la atacó. Primero le preguntó si era un miembro de la familia, a lo que Joan asintió afirmativamente. Luego, el detective preguntó si era Johnathan, su hijo mayor, a lo que Joan negó. Esto fue simplemente una confirmación ya que Johnatan era un oficial naval y tenía una fuerte coartada ya que estaba estacionado lejos de casa.

Cuando Bowdish preguntó si era Cristian, Joan asintió para confirmar. Esta fue probablemente la pista más importante que llevó a la policía a seguir el rastro de Cristian tan rápido, dado que no había demasiada evidencia física que apuntara en su dirección en ese momento. Sin embargo, en un giro extraño, Joan se retractaría más tarde de esta acusación. Este cambio se produjo después de que finalmente se despertara del coma en el hospital y comenzara a decir que Cristian no tuvo nada que ver con el asesinato de Peter.

Meses después, Joan aún mantenía la reivindicación de la inocencia de su hijo, reiterándola en una carta que envió a Times Union. En esta carta, también se dirigió a la policía y al fiscal del distrito, instándolos a dejar a Cristian en paz y buscar al verdadero asesino en otra parte. Los relatos contradictorios de Joan y el detective Bowdish intensificaron enormemente el ya alto interés de los medios en el caso. Al poco tiempo del drama, los medios comenzaron a enterarse de los muchos problemas que habían estropeado la relación entre Cristian y Peter. Todas estas revelaciones reflejaron muy mal el caso de Cristian.

La forma en que Cristian "se enteró" del ataque a sus padres fue más o menos un accidente. Sucedió cuando una reportera local del Times Union, una tal Simone Sebastian, llamó a la compañera de cuarto de Cristian en la universidad para hacerle preguntas sobre los Porcos. Después de enterarse de esta llamada y saber que la policía había comenzado su investigación, Cristian regresó a Delmar y pronto fue interrogado por los investigadores del Departamento de Policía de Bethlehem.

No mucho después de establecer la escena del crimen, la policía de Bethlehem también envió investigadores a la universidad de Cristian para que pudieran entrevistar a miembros de su fraternidad y a sus otros conocidos para tratar de determinar dónde estaba durante la madrugada del 15 de noviembre de 2004.

. . .

Más tarde ese mes, el fiscal de distrito del condado de Albany, Peter Clyne, reunió a un gran jurado que se suponía que reuniría los testimonios de numerosos testigos en una sesión a puerta cerrada. Además de los hermanos de la fraternidad de Cristian, el gran jurado también convocó a otros amigos, una ex novia y un oficial de seguridad del campus. Según los informes, muchos de estos testimonios implicaron a Cristian y demostraron que tenía una coartada débil. Aún así, tomó un poco más de tiempo y muchos otros testimonios antes de que Cristian finalmente fuera acusado, lo que sucedió en noviembre de 2005.

Consecuencias y Procedimientos

El juicio de Cristian se llevó a cabo en Goshen, Condado de Orange, Nueva York. Debido a que su madre sobrevivió, finalmente fue acusado de asesinato en segundo grado por el asesinato de su padre e intento de asesinato en segundo grado por el daño corporal grave que le había infligido a su madre. En todos sus 21 días, el juicio obtuvo un gran nivel de atención y fue muy cubierto por los medios. De hecho, el juicio terminó en el condado de Orange solo porque la atención de los medios en Albany fue tan grande que la corte de apelaciones del estado de Nueva York dictaminó que el juicio debería reubicarse para garantizar la imparcialidad.

El juez presidente de la corte penal del condado de Orange, Jeffrey G. Berry, introdujo algunas restricciones para evitar que suceda otra locura mediática. Durante la mayor parte de la prueba, solo se permitieron cámaras fijas sin sonido ni video. El juez permitió grabar en vídeo solo los resúmenes de los casos de defensa y acusación, así como el veredicto.

Los periódicos locales y las estaciones de televisión se dedicaron particularmente a su cobertura, por supuesto, lo que llevó a toda la comunidad a invertir mucho.

El caso finalmente también se presentó en un documental de una cadena de televisión de una hora como parte de una serie. Las causas detrás de tan alto interés público han sido objeto de algunas especulaciones durante y después del caso.

. . .

Los espantosos detalles del ataque, la supervivencia de Joan y la subsiguiente defensa de su hijo, y la inquietante correspondencia entre Cristian y sus padres fueron factores que sin duda jugaron su parte.

De hecho, la devoción de Joan por la defensa de su hijo realmente llamó la atención del público a medida que avanzaba el juicio. Ella no solo envió una carta a los medios tampoco. Joan estaba muy involucrada en el caso y mantuvo la inocencia de Cristian durante el proceso legal. Incluso acompañó a su hijo a bastantes procedimientos, sin faltar nunca a una sesión judicial.

Huelga decir que el paradero de Cristian el 14 y 15 de noviembre de 2004 fue uno de los puntos más importantes de controversia entre la acusación y la defensa durante el juicio. Durante su interrogatorio y posterior testimonio, Cristian explicó que, en la noche del 14 de noviembre, se quedó dormido en uno de los salones de los dormitorios de su universidad y no se despertó hasta la mañana del 15 de noviembre. Los investigadores de la policía de Bethlehem y la fiscalía cuestionaron esta historia, argumentando en cambio que Cristian ya estaba despierto en el mismo primeras horas del 15 de noviembre. Postularon que se había levantado temprano, subió a su automóvil y había conducido más de tres horas de regreso a Albany para matar a sus padres.

En ese sentido, uno de los testimonios más incriminatorios provino de un vecino, un tal Marshall Gokey, que vivía justo al lado de los Porcos en Brockley Drive. Según él, inmediatamente después del asesinato, que fue antes de las 4 a. m., vio un Wrangler amarillo estacionado justo en la entrada de la residencia de Porco, claro como el agua para que todos lo vieran. La presencia del Wrangler en Albany también fue corroborada por empleados que trabajaban como recaudadores de peajes en la Autopista del Estado de Nueva York.

El primero de los cobradores fue John Fallon, a cargo de la cabina de peaje en la salida 46, en las afueras de Rochester.

· · ·

Dijo que un Wrangler amarillo que coincidía con la descripción del auto de Cristian ya había pasado por su estación la noche del 14 de noviembre.

La segunda cobradora, Karen Russell, recordó haber visto el mismo Jeep en su estación en la salida 24 en Albany. Ella vio el vehículo alrededor de las 2 am del 15 de noviembre, notable por la alta velocidad con la que se acercó.

Finalmente, la fiscalía también presentó imágenes de CCTV de cuatro cámaras en la universidad, que mostraban un Wrangler amarillo saliendo de los terrenos del campus alrededor de las 10:30 p.m. el 14 de noviembre. Las mismas cámaras mostraron el Jeep de Cristian regresando a las 8:30 de la mañana del 15 de noviembre. Los testimonios y las imágenes de la cámara encajan muy bien en la línea de tiempo de los eventos de la fiscalía, con el asesinato ocurriendo en las primeras horas de la mañana, a la vuelta de la esquina, momento en que Marshall Gokey vio el auto en la residencia Porco. Estos testimonios y pruebas fueron muy incriminatorios y dieron un gran impulso al caso de la fiscalía, particularmente en combinación con el motivo que los investigadores pudieron extraer de la correspondencia entre Cristian y sus padres. Los hechos y testimonios de otros delitos menores de Cristian y una relación en deterioro con Peter también empeoraron las cosas para su defensa.

Por otro lado, los abogados defensores se centraron en el hecho de que la policía no tenía pruebas físicas claras que vincularan a Cristian al ataque o a la escena del crimen, en general. El arma homicida fue examinada a fondo en busca de pruebas de ADN o huellas dactilares, pero el examen no arrojó resultados. El abogado defensor principal, Terence Kindlon, argumentó que la policía había hecho un trabajo descuidado. Se centraron demasiado en Cristian desde el principio, lo que implica que habían tomado una decisión sobre su culpabilidad antes de encontrar evidencia para respaldar la teoría. Puso en duda la competencia de todo el Departamento de Policía de Bethlehem, en general, refiriéndose a ellos como un "departamento que ahuyenta a los patinadores del 7-11".

En cambio, la defensa señaló la conexión entre el tío de Peter, Frank Porco, y la familia criminal Bonanno en Nueva York. Frank no solo estaba relacionado con la familia, sino que supuestamente era un miembro de alto rango, o capitán, de esta organización mafiosa. Los abogados de Cristian argumentaron que la policía debería haber investigado la posibilidad de que el asesinato de Peter y el ataque de Joan fueran una represalia contra Frank. Coincidentemente, el apodo de Frank en el inframundo criminal era "el bombero" debido a su historial como bombero en el Departamento de Bomberos de Nueva York. La defensa argumentó que el uso de un hacha de fuego podría haber sido un mensaje.

En última instancia, el jurado no estuvo de acuerdo, a pesar de las otras pruebas presentadas por el fiscal, incluidos muchos testimonios, imágenes y el motivo probable del asesinato. El jurado encontró a Cristian culpable el 10 de agosto de 2006. Entre las sentencias de sus dos cargos, Cristian recibió un mínimo total de 50 años a cadena perpetua.

Conclusión

Tanto como individuos como como sociedad, tenemos una inclinación natural a proteger a los niños y mantenerlos alejados de todo tipo de daño. Los vemos con razón como vulnerables y necesitados de nuestra protección. Es por eso que siempre sorprende cuando los niños son los que están haciendo el daño. Estos casos pueden ser muy difíciles de procesar debido a los prejuicios y la presión pública a menudo puede volverse inmensa.

Sin embargo, los niños han demostrado una y otra vez que son capaces de asesinar por cualquier motivo, al igual que los adultos. El parricidio y otros incidentes de asesinatos que involucran a niños también son muy interesantes como parte de la antigua discusión sobre los efectos de la naturaleza frente a la crianza.

Si bien a menudo es difícil responsabilizar a los niños por incidentes tan extremos, la amplia gama de motivos y circunstancias que hemos visto implica que la naturaleza y la crianza trabajan al unísono para crearlos cuando se trata de asesinos.

El hecho de que los niños no sean individuos completamente desarrollados y que no tengan el control total de sí mismos no sirve al argumento esencialista. Los niños que matan, incluso cuando asesinan a sangre fría a sus propios padres, siempre tendrán la capacidad de cambiar. De hecho, la naturaleza casi garantiza que cambiarán. La única pregunta es cómo será ese cambio.

Desafortunadamente, una vez que estos niños terminan en el sistema correccional, ya sea como menores o como adultos, su camino a menudo los conducirá solo hacia desastres adicionales. Los niños que terminan en estas instituciones por delitos mucho menores a menudo vivirán una vida delictiva, y mucho menos aquellos que se encuentran a sí mismos como los actores principales en un drama de asesinato de la vida real. Quizá sea pedirle demasiado a la sociedad simpatizar con los asesinos, pero si alguien tiene la esperanza de salvar lo que queda de sus vidas después de estas terribles tragedias, son los niños, culpables o no. Con ese fin, los menores son, sin duda, el único grupo de delincuentes en el que podemos estar de acuerdo en que la rehabilitación siempre debe tener prioridad sobre el castigo.

Sin embargo, no todos los niños son menores, y en esos casos, el niño de una persona es el monstruo de otra.

www.ingramcontent.com/pod-product-compliance
Lightning Source LLC
Chambersburg PA
CBHW061513050726
47593CB00002B/552